古川哲史 編

増補版 囚われし者たちの〈声〉

オハイオ州立刑務所の中から

明石書店

編者まえがき（初版）

アメリカの刑務所――この言葉から、人は何を思い浮かべるだろうか。「自由と平等」を建前とする国の刑務所なので、ガムを噛んだり煙草を吹かしながらの気ままな受刑者生活か、それとも「機会と成功」の国にふさわしく、まんまと脱走に成功といったハリウッド映画の一場面をか、あるいは「暴力と犯罪」の国ゆえ、弱肉強食で、リンチや暴動に揺れる無法地帯であろうか。アメリカの刑務所という場所は、ふだん日本人には馴染みがないであろうし、ましてや、そこにいる受刑者の〈声〉を聞くことなどほとんどないであろう。アメリカに住んでいても、所内の実態や受刑者の心情はなかなか伝わってこないのである。

本書の冒頭部およびⅠ、Ⅱ部は、そのようなアメリカの一般社会から隔離された刑務所にいる、いわば「無名」の受刑者の手によるエッセイや詩をいくつか集めたものである。もちろん、ここに収録した作品だけで、アメリカの刑務所や受刑者の全体像が提示されるものではないし、作品の内容も、必ずしも刑務所生活を直接に描いたものばかりではない。

自身の幼少時を回想した話もある。かつて住んでいた場所への想いを綴ったものもある。文章自体も一流作家が時間をかけて練ったものではない。しかし、それでも、それぞれの作品のなかの言葉や文章には、刑務所に収監されるまでの自らの境遇とか、所内での心情が色濃く反映しているように思う。さらには、そこにアメリカ社会の光と影を見ることもできるし、貧困とか人種差別が生んだ社会の裂け目に足をとられた人びとの、悲痛なうめき、叫び、抗議の声を聞くこともできる。人種や出身のいかんを問わず、愛する者から引き離され、愛着ある場所から引き剝がされた人びとの嘆きもある。なかには、「監禁的」なこの現代社会を生きざるをえない、わたしたち自身の存在に関わる呟きと共通するものもあろう。わたしたちもまた、機械的に処理される時間や暦に縛られ、人為的な境界に拘束され、人間関係もが様々な肩書きや規則、番号に支配されがちなのである。

わたし自身とアメリカの刑務所との「出合い」は、思いもかけない偶然の出来事であった。それまで刑務所とまったく無縁であったひとりの日本人が、留学先の中西部・オハイオ州で、大学から「日本文化」の講師として所内の高等教育プログラムに派遣されることになったのである。当人にとっては、まったく予想外の事態であった。その契機については III 部に収録したところであるが、以後三年間にわたり、州内の刑務所から刑務所へ、軽警備《ミニマム・セキュリティ》施設から重警備《マキシマム・セキュリティ》施設に至る計六か所の成人男性収容施設へ通いつめ、文字通り「囲みの中」の仕事に心身ともに捕らわれた。そして、その間に、受刑者自身や多くの友人・知人から、しばしば所内の様子や受刑者の思いとか、わたし自身の体験について紹介を依頼されたり勧められたりすることがあった。それが、本書を編むことになった直接の動機である。ひいては、本書の内容が、現代アメリカや日米関係の諸相を、「安全神話」が崩れつつある日本の社会状況を、さらには現代社会の特質そのものを考えるうえで、いくらか参考になればという気持ちもある。

一般に刑務所の内情というのは、時と場所によっても大いに異なる。アメリカでは刑務所を舞台にした数多くの小説や映画から、「刑務所文化《プリズン・カルチャー》」や「刑務所文学《プリズン・リテラチャー》」をテーマにした本格的な研究書まであるが、本書ではあくまでわたし自身の体験や自らが所内で入手した資料にこだわった。したがって、その収録作品は、オハイオ刑務所教育協会が高等教育プログラム受講生を対象として年一回催す「ライティング・コンテスト」の入賞作（エッセイ部門および詩部門）、および、所内で受刑者自身が執筆・編集する小冊子（ニューズレター）に掲載されたものである。作品の選択・翻訳は編者であるわたしの手による。受刑者の心情がよく表れている作品を内容別に選んだつもりである。できるだけ所内の様子や受刑者の表情を思い浮かべながら、翻訳作業に取り組むことを心がけた。なお、すべての作品はここ数年内（初版本刊行一九九八年より数年内）に書かれたものであること、女性の文章が僅かしかないことを、あらかじめ記しておきたい。また、受刑者による数点のイラストを挿入した。

Ⅲ部は刑務所での体験にもとづいて、わたし自身が滞米中に書いた文章である。近年は「矯正施設」（Correctional Institution）といった名称で呼ばれるアメリカの刑務所の諸制度についての私見、オハイオの州立刑務所で教え始めた経緯やそこでの教員体験、受刑者の日本への関心、犯罪に病むアメリカ社会の一面を描くことを試みた。なかには、所内の教室に赴いたところ、脱走騒ぎの「抜打ち点呼」で誰も現れず――時計の針が何時を指そうと、点呼が最優先である――しかたなくその空き時間を利用して稿を草したものもある。最後の一篇（アメリカ社会を映す鏡）を除き、すでに日本の新聞や学会の会報に掲載・連載されたものである。内容に重複個所もあるが、Ⅰ、Ⅱ部の個々の作品に窺えるアメリカの刑務所像やアメリカ文化・社会像の断片を繋ぐものとして、それらも一読いただけたらと思う。

目次

Ⅲ部　オハイオの刑務所で教えて

増補篇

囚われし者たちの〈声〉

――オハイオ州立刑務所の中から

刑務所というところ

刑務所というところ

オハイオ州立ピカウェイ刑務所の一受刑者

手紙を書こうとして、書くことが何も思いつかないところ。少しずつ手紙を書く回数が減り、やがて書くのを止めてしまうところ。

まるで砂漠の真ん中にオアシスを見るかのように、手紙の知らせ《メール・コール》を楽しみに待つところ。自分宛の手紙がないと、まるでそのオアシスが干涸《ひから》びてしまったように思えるところ。そして外の世界に住む人からの便りを待ち焦がれつつ、彼らにも時間という砂漠の砂が降りかかっているのだ、と知るところ。

頭に白髪《しらが》を見つけるところ。望みや信条が消え失せるように、髪の毛が抜け始めるのを見つけるところ。

入れ歯が必要となり、眼鏡の度が以前よりもすすみ、かつてない痛みや苦しみを、とりわけ心に感じるところ。齢《よわい》を重ねつつ、それをまた心配するところ。

友の離婚話を聞かされ、彼が結婚したことさえ知らなかったと気づくところ。

裁判所からの一通の知らせで、自分自身の離婚を知るところ。

自らを哀れみ、自らを哀れむ自分を嫌悪し、その嫌悪感がまた自らを苛立たせ、なんとか別のことを考えようと努めるところ。

策略を巡らせ、自らがそれに嵌《は》まってしまうところ。

歯軋《ぎし》りするほど自分を憎むところ。自らの身を殴りつけ、蹴り上げ、掻きむしりたいところ。そして、精神科医たちが君は実のところ自己嫌悪に陥っていると言うのだが、いったい彼らに何がわかる、と思ってしまうところ。

友情というものに深みがなく、そこには警戒心が張り巡らされ、それを自らもよくわかっているところ。

人間味ある手触りを感じることなく、何年も過ごせるところ。そして優しい言葉を耳にすることなく、何か月も過ごせるところ。

誰も自分を必要とせず、自分なしでも外の世界や生活は成り立つのだと知るところ。

空から大地が、憎悪から愛が、死から生が懸《か》け離れているように、社会復帰や更生から遠く隔たったところ。

いつなん時にも最悪の事態が待ち構えていると思えるところ。そして、その怖れが気力を挫き、心を締めつけ、どんな微笑み、笑い、信念にも翳《かげ》りを落としてしまうところ。

約束の面会を待ちわびるところ。その人たちが現れないと、車の事故か病気かと心配になるところ。そして、その理由がたいしたことでないと知って安堵し、そして彼らがその程度のことで自分に会いに来てくれなかったことに、気を落とすところ。

赤ん坊の泣き声が聞きたくなるところ。父親が不在でも、子どもたちは苦しみや重荷を背負ってはいないという、何かしらその裏づけが欲しいところ。

子どもたちをしっかり抱く時間と機会があるよう、さらには自分の手元で成長してゆくのが見られるよう、子どもたちの成長が止まってくれたらと願うところ。死にゆく子どもたちではなく、元気に生きる彼らに会えるよう願うところ。

神は汝を救いたまう、と言われるところ。しかし、いかにして、何ゆえに、神はわたしをこの場所に至らしめたかと問うと、答えが返ってこないところ。

タフに演じることが、教義であるところ。

タフな奴らが、夜の暗闇に紛れて枕をきつく握りしめ、さめざめと涙を流すところ。

愛というものが具体性を失い、多くの者には痛みであり、ときにはまったく消え失せてしまうところ。刑務所は、孤独感に苛まれている愛に、卑劣な行為で応えるのだ。勝手な思い込み、「何々であったらなあ」という切実な感情、沸き上がる必死の思い、何かを、誰かを求めて未知の中へと両手をあらん限りに拡げること、そうした思いや行為をし続けない限り、愛は薄れ消えてしまう。

誉めるに値しない奴らを見て、実は自分も彼らと同じ類の人間なのか、と思ってしまうところ。

人としての品性だけは保とうと努めるが、その根拠を失ってしまうところ。そして、そのことをあらかじめ自覚できてしまうのが、また自らに憤りをもたらすところ。

不在が人の心を遠ざけると知るところ。愛する者が、色褪せた苦しい思い出に縛られず、実際に頼りになる人と一緒に暮らしたいと願うのを、非難できなくなるところ。

「囲みの中」は「悪」であり、「囲みの外」は「善」である、あるいは、そう言われているところ。

疲れを覚える前にベッドに入り、寒くもないのに頭まで毛布をすっぽり被るところ。

読書やトランプ、あらゆる賭けごとに、現実から逃れようとするところ。夢から覚めると痛みは以前よりも増し、我慢しづらくなるのを十分知りつつ、夢の中へと彷徨《さまよ》いこむところ。

いつの日か……出て行けるところ。そして、そのとき思うだろう、自分がこんなに興奮しているのに、他の奴らはどうしてそんなに冷めていられるのかと。

そうなのだ、刑務所というところは……

Ⅰ部　受刑者たちの声 ―エッセイ篇―

アルコール中毒者のいる部屋

ハンク・シェイファー

その部屋に入ったとたん、わたしはアルコール中毒者がそこに暮らしていることがわかった。数多くのビールの空缶が、床やコーヒー・テーブルの上に乱雑に散らばっていた。つんと鼻をつくアルコール臭が部屋中に漂い、葉巻の煙のむっとする臭いに部屋の空気はよどんでいた。黴《かび》のはえた食べ物と数匹の蝿の死骸がのった紙皿が、わたしの目に留まった。コーヒー・テーブルの右側には、茶色に変色した古新聞が折りたたまれて、三フィートの高さにまで積み上げられていた。その新聞の山から上に視線を移すと、しっくいの壁に拳《こぶし》大の穴があいており、そこから幅の広い割れ目がいくつかジグザグに壁の端まで走っていた。ペンキの剝げた天井に目を向けると、そこに照明器具はなく、天井から数インチほど下に、ほつれた電線に裸電球がぶら下がっていた。唯一の窓は埃を被り、光を通さず、外の様子もほとんどわからなかった。わたしはソファーに寝そべる年かさの男を起こさないでおこうと決めた。戸外へ出る網戸を押し開けると、網戸がドア枠から外れてポーチの上に倒れそうになった。その音で寝ている男を起こしたのでは、とわたしは後ろを振り返ったが、男は微動だにしなかった。わたしは嫌悪感をおぼえ、がっくり頭を垂れ、ゆっくりと歩き出した。石を蹴りながら、舗装もされていない道を。

究極の答え

マイケル・R・スティーブンズ

わたしがハイになって夜を過ごすことをようやく諦めたのは、夜の十時頃だったに違いない。継父のジョンが仕事場からそのまま帰宅することなど決してなかったし、母もその晩早くにバーへ出かけていた。まだ幼い年の弟アランはベビーシッターのもとにやられていた。両親は弟の面倒を託すほど、わたしを信頼していなかったということだろう。わたしはもう一度ハイになりたかった。もう一度と言ったのは、ハイになることが、もはや日々の生活における唯一の目標のようになっていたからである。

十三歳になる頃までには、ハイになるのは当たり前の行為になっていた。わたしがはじめてガスを少しだけ吸い込んだのは、十一歳のときだった。以来、ハイになるための吸い方の技術を、かなりの程度身につけてきた。たしかに、わたしをハイにしてくれるあらゆるもの、そしてそれらの入手方法についてのすべてを知っていた。本当にすべて知っていたって？ その筈だったが、あらゆる知恵を働かせても、今夜だけは何も見つけることができなかった。

母が外出するのを辛抱強く待った後、わたしはすぐさまハイになるためのものを探しにかかった。母が出かけることを知らせにきたときからその手筈を始めていたので、母が実際に家を出るときには、気持ちの準備は整っていた。母は車で出かけたので、当然、車の燃料タンクからガソリンを抜き出すことはできなかった。とにかく、ガソリンは問題外だった。数日前に移動住宅《トレーラー・ハウス》の下にしまってあるガソリン缶を空っぽにしていたし、歩いていけそうな距離にあるガソリン・スタンドは日曜日は閉まっていたからである。接着剤はどうか？　雑貨屋はまだ開いていたが、そこでもう一度買えるだろうか？　店を経営する爺さんは、ここ二、三日の間、あまりに何度もわたしの顔を見ていた。わたしが何をしているのか不審に思っていることは、その用心深い老いた目つきが十分物語っていた。残された可能性は二つ。すぐさまわたしは探しにかかった。

まずはじめに、継父がいつもライターの液をしまう台所の食器棚に向かった。目的の容器はいつものようにそこにあったが、中身は空っぽだった。「あの野郎、赤ら顔の悪魔め」と思いながら、汚いぼろのテニス・シューズにすばやく足を突っ込み、最後の望みを抱いてトレーラーから外に出た。その日早くに、テキサコのスタンドから男たちがやってきて燃料タンクを満杯にしていたのを知っていた。燃料油に手を出すのははじめてだったが、その夜の絶望的な気持ちが新しい方法へと駆り立てた。トレーラーの下に吸い上げポンプを探り当て、それをタンク上部の大きく開いた注ぎ口に突っ込んだ。舐めるとひどい味だったが、気にならなかった。とにかくメイソン・ジャー一杯に燃料油を確保したし、うまくいけば数分以内にリラックスできるのだ。

わたしはひとりきりの寝室で、甕《びん》の蓋をあけ、縁に両手を添えて何回か深く息を吸い込んだ。何も起きないじゃないか！　きっと空気を吸い込みすぎたか何かに違いない。わたしはマットレスの下から使い古したビニールのパンの袋をひっぱり出すと、油が染みて強い臭いを放つぼろ布を袋に入れ、そこに燃料油を数滴落とした。袋はわたしが息をするリズムとともに収縮と膨張を繰り返した。息を吸うたびに顔に張りつき、息を吐くたび油の染み込んだぼろ布の重みでぶらぶら揺れた。しかし、指はぞくぞくせず、頭は軽くもならず、くらくらすることもなかった。どうやら何も起きそうになかった。燃料油はハイになる手立てにはならないのだ。結局、わたしはそう悟った。

わたしはパンの袋をマットレスの下に戻すと、足で甕をベッドの下に滑らした。それから、粗末な家具が備えつけられた狭い寝室の中を見回した。しかし、この部屋では何も見つけることができないのは、すでに明らかだった。吸うことがわたしの生活の中で主要な部分を占めていた。それは決して軽々しい行為ではなかった。何が手に入り、何がどれくらいわたしには効き目があるか、いつもわかっていたのだ。

わたしの視野に入ったのは、まさに荒廃と言うべき光景であった。ベッドから起き上がらずに服が手に取れるところに、衣装棚があった。棚には服が詰まっていたが、カーペットの床からただ積み上げられているだけであった。わたしの目は壁にはめ込まれた化粧台へと移った――といっても、それ自体の姿は見えなかった。数か月前にこの家に引っ越してきて以来、そこに漫画本が積み上げられ、服が放り投げられ、化粧台の表面が覆われてしまっていたからである。次に、わたしの視線は、オレンジと白に鮮やかに塗り分けられた見慣れた模型工作用接着剤のチューブに止まった。が、わざわざ起き上がって中身を確かめることはしなかった。そんなことは確かめるまでもなく、わかりきったことだった。

わたしはベッドの側にある剝き出しの木製の棚からエリック・クラプトンの「レイラ」を引っぱり出すと、レコード・プレーヤーの上に載せた。そして音が歪むほどボリュームをあげ、すべてお手上げだと思いながらベッドの上に横たわった。この夜は何一つ計画通りにいかず、疲労感が襲い始めた。眠りに落ちるまでに、「レイラ」は三回演奏されていた。次に目覚めたときにも、レコード針はまだクラプトンのギター・ソロを拾い上げていた。ひと眠りしてもどうにもならず、気分はさらに悪くなっていった。

わたしができることはと言えば、考えることだけで、考えることはわたしをもっと惨めな気持ちにさせるだけだった。ハイになりたかったが、その手段は尽きていた。ハイになることはわたしが育ってきた世界から逃れることだった。ハイの状態にあるときは生きている実感があり、わたしを取り囲む現実世界と向き合う用意もできた。すべてはハイがもたらしてくれた。だが今のようにハイでないときは、苦痛だけがわたしに残された。冷蔵庫のビールについても考えた。二、三本飲むことも思案した。しかしそうすると、どういうことが起きるかは明らかだった。母にばれてしまう！　母はいつもビールのことはよく覚えていたので、決してごまかし切れないだろう。ハイでない自分は惨めかもしれないが、夜中の二時に酔っ払った母が帰宅し、彼女の貴重なビールをわたしが飲んだと知ったときのことを考えれば、我慢するほうがましだった。以前、母のビールを盗み飲みして見つかったことがあり、もう二度とあんな事態を招くつもりはなかった。もう二度とごめんだ。

ビールのことを思うと母のことが思い出され、母のことを思うと昔のことが思い出された。すぐに思い浮かぶのは、酒に酔った母に叱られたときのことであった。一度わたしは、母が働くバーから一足のストッキングを家に持ち帰らされたことがあった。その夜遅くに穿こうと母が買ったストッキングだった。わたしは言われた通りに持って帰り、言われた通りに台所の食卓の上に置いた。わたしはいつも母の言葉に従っていた。そのほうがよいとわかっていたからだ。母は酔っ払って家に帰ってきたが、わたしは母のことを気にも留めなかった。実際、気に留めたことなど一度もなかった。とにかくいつも彼女は酔っ払っていたので、五歳のわたしには、素面《しらふ》と酔っ払いの違いがわからなかった。わたしにとってはそれが母だった。母は食卓を覆い尽くすほどいつも散らかっているごみの山をガサガサやっていた。それに祖母に向かっても何か罵《ののし》っていたので、きっとストッキングを探していたに違いない。母が罵りの言葉を吐くのは、物事がうまくいっていないことの知らせであった。もっとも、わたしはテレビに夢中で、どのような事態が起きようとしているのか皆目わからなかった。

しかし、母はストッキングが見つけられないということを、わたしはすぐ知ることになった。いかにわたしが何をさせても当てにならないかなどと、母は支離滅裂に叫びつつ、わたしの襟をつかんで台所へ引きずっていったからだ。わたしもすでにかなり大きな悲鳴をあげていた。もしそのとき、手を振り回している母を祖母が慌てて止めなければ、母の爪がわたしの顔を引っ掻いていただろう。祖母が母の手からわたしをぐいと引き離したので、わたしは何が起きたかよくわからないまま、祖母にしがみついた。

祖母は泣いていたし、わたしも泣いていた。そして母はと言えば、耳をつんざくような金切り声をあげていた。三歳になる弟のエディも、もはやテレビを見てはいなかった。その部屋にいるわたしたちと同じく、彼の注意も、激情して物を投げ始めた母にくぎづけになっていた。おそらく、そんな母の行動にわたしたちは慣れていたと思われるかもしれない。しかしそうではなかった。母がそうした行動を何度繰り返そうとも、わたしたちは決して受け入れることはできなかった。

祖母がわたしを抱えてソファーのほうへ向かうので、わたしは幾分安心し始めた。祖母はしがみついたまま泣いているわたしを膝の上にのせて腰を掛けた。エディも恐怖心にかられ、慰めの言葉を求めてわたしたちに寄り添ってきた。母の再度の攻撃が始まった。そのときには、わたしはすでに事態が飲み込めていたので、自分の身を守るための弁解の言葉を考え始めた。わたしは、あのいまいましいストッキングを食卓の上に置いた。間違いなく置いた。しかし、いったい何がそんなに重大な問題なのだ。たかがストッキング一足のことに過ぎないじゃないか。

しかし母は、まったく耳を貸さなかった。そして再び、祖母に向かって金切り声をあげ始めた。そしてその金切り声のおかげで、わたしがそれまで知らずにいた話を、心傷つけられる話を、そして母の人生におけるわたしの位置づけを、わずかな時間の流れの中で残酷にも教えられることになった。はじめ、母はわたしたち子どもをかばう祖母に怒りを表していただけだった。しかし、その程度で収まっていたのは短い間だけだった。やがて電話の受話器をつかむと、地元の孤児院フランクリン・ビレッジにかけるのだと脅しながら番号をまわし始めた。もちろん、それはでたらめな番号だったのだが、泣き叫ぶ五歳の子どもにそうした言葉を投げつけたのである。そのときには母自身も泣き叫んでいた。孤児院に電話して弟とわたしを連れて行ってもらうよう頼むのだと、祖母を罵っていた。わたしたちが誰の子どもで、わたしたちの身の上に降りかかることにたいして誰が意思決定を下すかを、言葉で祖母にはっきりとわからせようとしていたのである。

母の言葉は祖母の行動を刺激しただけだった。意図的ではなかったのだろうが、祖母もまた母に叫び返し始めた。そして、その祖母の言葉は、思いもしなかった形でわたしの心をグサリと傷つけたのである。外出したまま帰らぬ母をひたすら座って待っていた夜、そして酔っ払った母に叩かれ惨めな思いをした夜、それらを全部ひっくるめても、疲れ切った祖母の口からそのとき出た言葉は、わたしが想像すらできなかったものだった。「この子たちは、あんたの子じゃないでしょ！」と祖母は金切り声をあげた。「何年も前にベビーシッターのところに置き去りにしたのはあんたでしょ。しかも、この子たちをどこにやったか、誰にも言わずにさ！　あんたはこの子たちを見捨てたんだよ。で、わたしが見つけたんだよ。さあ、この子たちのことは放っといておくれ！」

電話が一度だけ、たった一度だけ鳴った。それで、わたしは現実に引き戻された。エリック・クラプトンに飽きたので、レコードをクリーデンス・クリアウォーター・リバイバルの「スウィート・ヒッチハイカー」に変え、音楽の中に自らを委ねようとした。無駄だった。すでに母のことやわたしの過去が頭の中に入り込んでいて、それを振り払うことができなかったのだ。わたしの気持ちを支配していたのは、過去の出来事というよりは哀しみと孤独感だった。母はやはり母であり、つねに母であり続けるのだ。そんなことはすでにわかっていた。五歳のときにはわからなかったことも、今では多く知っていた。それまでのように、そして、それからもそうであったように、母がわたしを叩いたあの夜。しかし、あの夜にわたしが知らされた事実は、わたしの心を傷つけていた。そして、その事実はその後、気に留める必要のないところに、ガスを食らって死にかけたわたしの脳細胞のどこか深くに、葬り去られたはずだった。だが、今夜はガスもなく、過去を眠らせたままにしておく代わりの品もなく、思い出したくもない過去を耐えねばならなかった。まったく無駄な努力と知りつつも、わたしはもう一度台所を探そうと決心した。

はじめに思いついたのは、流しの下の棚に母が時たま入れておくジンの壜だった。まずそこへ向かった。壜はあったが、中身は四分の一しかなく、二、三口飲むだけでは時間の無駄だった。再度、棚を覗いてみた。ライター液の缶を見つけたが、缶は空に近いことを知っていたので、失望感は僅かだった。次に、台所の隅にある食料品の収納棚に目をやり、そこに何か見つけられるかどうか自問した。小さな棚の扉を開けると、乾いてばらばらになった玉葱の皮が宙に舞い上がった。石鹸、乾燥食品、その他の食料品で棚の半分が埋まっていたが、何も関心を惹きつけるものはなかった。わたしは再び探すことに囚われた。目的の物は、寝室のマットレスの下にねじ込んだ赤白のビニールのパン袋に入れる中身である。辺りの物をいくつか動かしたが、何も見つけられなかった。心はすでに探すのを諦めていたが、体のほうは棚の扉を片っ端から開け続けていた。わたしが錠剤を見つけたのは、そのときだった。

わが家にはいつも薬があった。しかし、わたしはほとんど注意を払ったことはなかった。本当に病気だったのかどうかは知らないが、母はいつも錠剤の入った小さな壜をいくつか持っていた。そして薬を持っている訳を、いつも何かと大袈裟に話していた。酒を飲んでいるときは、そして飲んでいないときなどほとんどなかったのだが、この薬あの薬と、まるで薬を飲むことを誇りにしているようでさえあった。「あのね、この小さい赤いのが神経に効くの。」母は薬を飲む際に、その場にいて注意を引いた者には誰にでもそう言っていた。「でね、この小さい青いのが背中用。前にバーで喧嘩を止めようとして痛めたのよ。バーのホステスだったことがあってね。わかるでしょう、それも仕事のうちなのよ。」こんな話が延々と続くので、わたしは五、六回聞いた後は耳を傾けることを止めてしまっていた。他の者たちだって、皆そうしただろう。しかし、母はまったく同じ話を繰り返していた。

錠剤はわたしには未知のものだった。接着剤やガスはあらゆる類を試していたし、十一歳のときから酒も飲み続けてきた。しかし、錠剤の世界に入り込むには、十三歳のわたしはまだ少し幼かった。学校でドラッグをさばいている連中は、年長の高校生とは頻繁に取り引きしていたが、中学生にはほとんど声を掛けなかった。われわれにはドラッグは扱い切れないと彼らが不安視していたことが、おそらく何よりもわれわれを連中から遠ざけていたのだろう。六十年代後半という時代の、モラルを喪失していた若者でさえ、自分たちの売ったドラッグのやりすぎで、子どもたちの頭を狂わせてしまうような危険を冒すことはなかった。

しかし今、ドラッグのディーラーがいようといまいと、わたしの手元には薬があった。その錠剤がどんなものかは知らなかったが、とにかく手中にあり、そのときの精神状態は飲む決心を早めただけだった。神経に効く、と母がいつも言っていた赤い薬の小壜をつまみ上げた。学校で生徒たちが「赤いやつ」などと話しているのを聞いたことがあり、それを唯一の手がかりとしたのだ。その小壜から三粒取り出すと、コップ一杯の水と一緒に飲み込んだ。少し不安になりながらも、もう一度、寝室へ戻った。薬が効くかどうかさえ確信はなかった。わたしの心は疑念にかられた。スリー・ドッグ・ナイトの「ママが来るなと言ったから」をレコード・プレーヤーの上に載せると、ベッドに身を投げた。何が起きるのだろう。本当にハイになれるのか。まったく想像がつかなかった。わたしは再びリラックスし始めると、すぐに音楽のビートに身を浸した。ある貧しい少年の母親がドラッグの危険性を彼に説いているという歌詞の中身に、わたしはニヤリとした。〝わかったよ、母さん。それで、どうしようっていうんだい。どうせまたぼくを撲《ぶ》つんだろう。〟その文句に、わたしは思わず大声で笑い出しそうになった。

わたしの心にまた母が現れ、母とともに昔の出来事が思い出された。結局どこへいったかわからずじまいのストッキングのおかげで母に叩かれた夜のことを、そして、その夜から今までに過ぎ去った年月のことを再び考えた。喧嘩はもはや、わたしにとって日常茶飯事だった。家では毎日のように喧嘩があった。もし母がわたしや弟たちを叩いていなければ、継父が母や母を庇おうとするわたしを撲っていた。ジョンの酒癖も母と同じくひどいものだったので、わたしも一人前の男として彼と向き合い、喧嘩せねばならない日も多かった。もちろん負けるのはいつもわたしだった。しかし、それでも理屈の通らない同じ類の話から始まる、同じ類の喧嘩に立ち向かっていくのを止めなかった。

わたしの生活の中で、ジョンはもっとも手強い相手だった。ジョンが母を撲つのをはじめて目にしたのは、そして訳もわからず彼にはじめて手向かったのは、わたしが七歳か八歳のときだっただろう。母とジョンは通りの外れにある小さなバーで飲んでいた。二人とも完全に酔っ払っていた。そして、二人が互いに大声でわめき合いながら帰宅したので、弟たちもわたしも目を覚ました。家にはたいていわれわれ子どもだけだったが、子どもが寝るべき時間にはいつもベッドに入るようにしていた。ジョンが母を二度殴ったので、わたしは何が起きているのか気づいた。三度目に母は床に倒れ、コーヒー・テーブルの尖った角に顔面を打ちつけた。

母親が殴られているのを見た七、八歳の子どもには、どうすればよいかを悟るに時間はかからない。行動あるのみである。わたしはジョンの背中に飛び掛かった。ただ背中にしがみついてぶら下がっているだけ、といった有り様だったけれども。すると、ジョンは背中に手を回し、わたしの髪の毛をつかむと勢いよく宙に放り投げた。わたしは二段ベッドの上段に叩きつけられ、そして反対側のタイル敷きの床に悲鳴をあげながら落下した。しかし、それで怪我をしたのかどうかは自分自身にもわからなかった。すぐに飛び起きて、ジョンのもとに駆け戻ったからである。そのときにはすでに母も立ち上がって喧嘩を再開していた。ジョンが母に注意を向け直したので、わたしは母の金切り声の言葉に従って、外へ通じるドアに向かって走った。ジョンが追いかけてきたが、わたしはつかまりはしなかった。隣近所やそこへ通じる抜け道については、子どものわたしのほうがよく知るところだった。なんとか隣の家にたどり着くと、隣の住人が警察に電話をしてくれた。長い夜だった。しかし、そんな夜は何度もあった。

過去の記憶――すべては依然として現実味を持っていた。そして、その過去の記憶はわたしを脅えさせ、寝室という現実の場所にわたしを引き戻した。しばらく天井を見上げた後、パンの袋をつかもうと手を伸ばした。酸欠で意識を失った際に、袋は胸の辺りへ落ちた筈だった。パンの袋？　何のパン袋？　わたしは錠剤を飲んだことを思い出した。そして、薬に効き目があることを知った。ガスや接着剤ほどではなかったが、同じようによい気分にしてくれた。レコードをクロスビー・スティルス・ナッシュ&ヤングの「ウッドストック」へと変え、煙草に火をつけた。

はじめて体験するこの新しい感覚をわたしは気に入った。そう思うや、新たな逃避の方法を見つけたと悟った。そして、もう少し薬を試してやろうと、壜を置いてきた台所へ向かった。まだ精神的にはかなり落ち込んでいたが、体はとても軽かった。もう二、三粒飲むだけで、すべてがうまくいくだろうことはわかっていた。

わたしは棚から三つの壜を取り出して、一番近くにある台所の椅子に腰掛けた。すでにかなり大胆な気持ちになっていた。椅子を冷蔵庫のほうに滑らせて、そこからビールを取り出した。それで薬を飲もうというのである。母のことがまた頭に浮かんだ。わたしは母を嫌っていた。母もこの家も嫌いだった。母がわたしたち子どもを残して家出した後、母を再び家に連れ戻したジョンのことも。わたしを教室の前に立たせて恥をかかせる学校の教師たちも、いつも嫌いだった。そこに立たされているわたしを嘲笑う他の生徒たちも嫌いだった。わたしのことを何かと知っている友人たちも嫌いだった。血が繋がっているので弟たちも嫌いだった。わたしの足の上を這い回るゴキブリも嫌いだった。そして、わたしは泣き始めた。

暗い部屋の中で、わたしは泣きながら座っていた。暗闇は家の中を物寂《ものさび》しくさせ、わたしを惨めにするだけだった。その日の朝、アランとわたしでこしらえた山高帽のことを考えた。フェルト製の帽子を沸騰したお湯につけて箒《ほうき》の柄で伸ばしたものだった。そして、われわれはポラロイドのカメラを持ち出し、そんなばかげた帽子を自慢げに写真に収めた。しかし、母はたいそう怒って、アランは泣きながら部屋に追いやられてしまった。帽子は取り上げられ、その後、二度と見ることはなかった。帽子を取り上げられたとき、わたしは母をなんと憎らしく思ったことか。母、母が賛同したものすべて、母がわたしに言ってきた言葉、母の今までの振る舞い。すべてを憎んだ。

次に何をすべきかを意識的には考えなかった。もちろん自分が何をしているかはわかっていたが、明確な判断力を失っていた。わたしの心はガスの吸い過ぎでおかしくなっていたし、日々の出来事もわたしの思考力を育ててはくれなかった。とにかく、十三歳の子どもに死ぬことについて何がわかろうというのだ。身近な者に死んだ者はいなかった。死についていては、祖母に連れられて行く日曜日の教会で、なにがしかを知っただけであった。しかし、そのほとんどは、磔《はりつけ》のための十字架と怒り狂う炎といった、こじつけ話に過ぎなかった。死後には、燃えさかる炎に苦しめられる世界、あるいは幸福に満ち溢れる輝かしい天国が待ち受けているという。そんなことを語る彼らに、死について何がわかろうというのだ。死にたいする知識に乏しい十三歳の子どもにでさえ、その手の話はつくり事じみていた。

そうして、わたしは錠剤を口に含んだ――三つの壜のすべてを――一度にである。もはや恐怖感に胸を締めつけられることもなく、痛みもなかった。昨日のことも、今日、明日についても何ら心配は無用だった。解放感だけであった。あるいは、ただ単にハイになっていただけなのかもしれない。とにかく、薬による解放感を死ぬほど手に入れたかったので、すべてを飲み込んだのだ。そして、ようやく自由への道のり――究極の答え――それを本当に見つけたのだと知った。それが欲しかったのだ。

錠剤がすべてなくなると、わたしは立ち上がって明かりを探した。壁の時計は十二時十五分を指していた。誰かが家に帰ってくるまでもう二時間ほどあると、頭の中で計算した。それだけあれば十分だと願った。一週間も流しに放り出されたままの汚れた皿に目をやった。そして、今まで経験したことのないような激しい怒りが体中に込み上げてくるのが感じられた。空になった薬の壜をひとつずつ、汚い流しに投げつけた。それから、それまで座り込んでいた椅子を放り投げた。まだ満足できなかった。そこで、勢いをつけて食器棚に向かうと、中にある食器を荒っぽく手で払い落とした。ちぐはぐに組み合わされたコップと受け皿が床に落ち、微塵に砕けてわたしの足元に散らばった。わたしは何度もそれを繰り返したが、自分の行為に何ら痛みも罪の意識も感じなかった。錠剤はたしかに効き目があった。わたしは相当ハイになり、体は軽かった。死ぬことにたいする懸念も、くらくらした頭のどこかに忘れさられた過去のひしゃげた映像のひとつに過ぎなかった。

わたしは安らぎを求めて、よろめきながら寝室へ戻ろうとした。辛うじてたどり着いたときには、すでにわたしの意識は朦朧《もうろう》としていた。明かりをつけて鏡で自分の顔を見ようとしたことだけは間違いないだろう。クロスビー・スティルス・ナッシュ＆ヤングが、〝ショットガンを搭載した爆撃機が空の上で蝶に変身する前に〟云々、と歌っていた。鏡の中に映っていたのは本当にわたしだったのだろうか。表情の乏しい、どうしてよいかわからないといった顔を鏡の中に見つめていたのは、本当にわたしだったのだろうか。そして、鏡の中でゆっくりと滑るように床に倒れてゆくのがわたしだったのだろうか。そのときの、鏡の中のそのような映像が、その夜のわたしの記憶にある最後の断片だった。錠剤は十分にその役目を果たし、ついにわたしは自由の身となったのだ。

今でもときどき、わたしはその夜のことを思い出す。思い出さないように努めていてもである。二日後に意識を取り戻し、敗北感に打ちひしがれる前に、世の中にたいしてもう一度手を振り上げたことを覚えている。光の中、朦朧としたまま目を覚まし、訳もわからず、最初に動いたものに手を振り上げた。チューブと壜が縛りつけられたわたしの手は、手当てのためベッド脇に付き添っていた年配の看護師の顔に当たった。彼女はそのことを許してくれていると思いたい。

誰かがわたしの命を救った――それが誰かはどうでもよいことだった。ときおりその誰かのことを思い出す。ときに彼らを憎み、ときに愛情を抱く。だが、ほとんどの場合、彼らのことは忘れてしまおうと思うだけである。

鏡

匿名

わたしが子どもの頃、両親がフロリダへの引っ越しを決めたことがあった。ところが、フロリダで三か月生活した後も、父はかなり大所帯のわたしたち家族を養ってゆけるだけの職にありつけなかった。そして、かつての職場の上司が戻ってきてよいと言うので、父はひとりでオハイオへ帰ることにした。オハイオまでの長い道程を、父はガソリンの補給と食事以外には車を止めることなく運転し続けた。あまりに長時間、同じ姿勢で運転し続けていたので、足の血管の中に血の塊ができた。そして、目的地に着いた後に、その血塊が心臓へと流れ込み、父は強い心臓発作を起こしたのである。

父は家族とは一五〇〇マイル以上も離れたところで重態に陥っていた。母は父のことを心配して狂わんばかりであった。母は子どもたちを集めると、荷造りをし、引っ越し用トラックを借りて、オハイオへ急いで戻った。そして、古びた小屋《コテージ》を借り、わたしたちはそこに落ち着いたのである。子どもたちはそこから学校に通いつつ、父の病状を伝える言葉を不安げに待っていた。

州から州へ、町から町へと移り住むなかで、わたしは身の回りの新しい事柄に適応するのは易しいことではないと知った。父の状態を案じ、馴染みのない学校で新しく友達を作れるかといった不安な気持ちを忘れようと、わたしは新聞配達の仕事を見つけた。そのときはそれほど不思議に思わなかったが、新聞配達区の担当責任者はわたしを気に入ってくれた。エドは時間をかけてわたしに新聞販売業について詳しく教えてくれた。

父が家で療養している期間は、エドが男としてのわたしのお手本となった。新聞配達の合間には、小奇麗なレストランにわたしを連れて行き、お昼を食べさせてくれた。仕事の後には、フットボールのゲームや車のレースに連れて行ってくれた。父が病気なので、家では得ることのできない愛情や親愛の念を、エドはわたしに与えてくれたのである。彼はわたしを一人前に扱ってくれ、多感な十二歳の子どもにはそれがとても嬉しかった。わたしは彼を信頼し、尊敬するようになっていった。

とても暖かい、気だるささえ催すような秋の日の午後だった。木々はすっかり色づいていた。エドとわたしは、他の者がその日の仕事を終えて全員が引き上げた後に、事務所へ戻った。

「上がって取ってこなければならない物がある」と、彼はわたしに告げた。「事務所にいるのは、少しの間だけだ。」

暑くて風通しの悪い彼の事務所に二人で上がっていくと、彼は妙な目つきで言うのである。「服を脱いだ君を見せてもらえるかい。」

「何ですって。」驚きのあまりわたしの心臓はどきりとした。

「何ですってじゃないだろう。裸の君がどんなものか見たいんだよ」と、わたしのほうへにじり寄りながら彼は言う。

「いやです。」わたしは短く答えた。「今すぐ家へ連れて帰ってもらえませんか」と、激しく動悸がするのを感じながら、わたしは頼んだ。

彼の目がぎらぎら光り始め、わたしの目の前で、彼の姿が大きくなっていくように見えた。

彼はわたしとドアの間に突っ立っていた。わたしは恐怖心にかられた。心臓はまるで張り裂けそうになり、震えながら立っていた。われわれは三階にいたので、ドア以外にそこから抜け出せるところはなかった。彼は別の手段を講じてきた。

「わたしが君にお金をあげるとしたらどうかね。」「君を傷つけたりはしない。ただ、思春期の男の子がどんなものか、見たいだけなんだよ。」

「いやだ」と、わたしは返した。「ぼくから離れてよ。」

電話はまるで一マイルも離れたところにあるように思えた。ちくしょう、電話よ鳴ってくれ。わたしはいかにここから脱出するかを考えた。どうしたらいいんだ。

沈黙が永遠に続くように感じられた。

「今すぐここで、ケツの穴を貸すんだよ」と、エドが叫んだ。そして、わたしのほうに向かってきた。もはや逃げ道はなく、死ぬほどの恐怖に囚われた。彼は古びた木枠のソファーの上にわたしを無理矢理に仰向けに押し倒した。そしてズボンとパンツを脱がすと、わたしをうつ伏せの姿勢に変え、そして、わたしを犯した！

彼がわたしを犯した……！　獣のようにわたしの体を犯した……！　彼はわたしを犯しながら、もしこのことをわたしが喋ったら、どんな仕打ちが待ち受けているかを口にした。「まずお前の母さんと父さんを殺《や》る。で、お前にはもっと酷《ひど》い仕打ちがあるだろう。そのときには、お前はこの世に生まれてこなければよかったと思うだろうな。」

わたしは泣いた……もうこれ以上泣けなくなるまで泣いた。生まれてこなければよかったと思ったのは、まさにこのときだった。血が流れ、ひりひりと痛んだ。尻をつけては座れなかった。

彼はわたしを家まで送ってやるので、服を着ろと言った。そして、わたしのポケットに二十ドル札を一枚ねじ込み、今日のことを表沙汰にしたらどうなるか覚えているなと、念を押した。

彼は家までわたしを送り届けたが、わたしはかなり動揺したままだったと思う。茫然自失で辺りをふらついた。長いあいだ何事にも集中できなかった。屈辱感と羞恥心に苛まれた。ひどく穢《けが》されたと感じた。彼の臭いを消すために風呂へ入ったが、だめだった。この日以降、彼の臭いを嗅ぐたびに、恐怖に襲われ冷や汗が出た。

くそっ、彼はわたしの子ども時代を奪ったのだ！

彼の脅しは効き目があった。たしかに、わたしは決して誰にも言わなかったのである。父に言えば、また心臓発作を起こして死んでしまうのでは……と怖れた。父を死なすこと……そんなことはできなかった。

わたしにたいするエドの行為は、それから三か月以上も続いた。その間、ほとんど毎日のように犯され続けた。彼の卑劣な行為はわたしの心身に突き刺すような痛みをもたらし、それを和らげるためにと、彼はわたしをマリファナやアルコールの世界に引きずり込んだ。

わたしは現実から逃避し始めた。ますます孤独になっていった。自分の外観などどうでもよくなった。もう気にもしなくなった。自分自身やわたしに繋がるすべてのものに嫌悪感を抱き始めた。マリファナとアルコールが習慣になっていった。自分はいったい何者だ、と自問し始めた。もともとホモセクシュアルだったのだろうか。これが残りの人生を歩んでいく道なのだろうか。これがわたしにふさわしい人生なのか。なぜ神は、わたしの祈りに応えてくれないのか。そもそも祈る価値などあるのか。

もうたくさんだ！　こんなふうに生きて行くなら、死んだほうがましだ。わたしは三度、自殺を試みた。三度目は肘から手首にかけて剃刀《かみそり》の刃を入れた。しかし何ということだ……死ぬことにもわたしは失敗したのである。

わたしはよろめきながら日々を送った。迫りくる困難に立ち向かうことなく、されるがままに、ふらふらと歩き続けた。

あまりに自己嫌悪がひどくなり、あるとき、ついに自分自身の姿を鏡で見られなくなってしまった。ひげを剃ることも止めてしまった。どうしてもひげを剃りたいときには、自分の目が映らないようにと、鏡にテープを張った。

わたしは……ひとりの……生き残った人間。自殺することもできないのなら、わたしは充実した日々を生きよう。自分を愛することを学ぼう。泣くことを……そして雲一つない青空を横切る鳥の美しさを愛でることを学ぼう。自らを育み……逆境を乗り越え、そして与えられた人生を生きることにしたい。もう一度、神を見つけたいと思う。三歳になる息子とともに過ごし、ともに成長する時間を見つけ出すことにしよう。

かつて歩いた道をたどるなどという、人生を無駄に過ごすことなど……わたしはしないだろう。ここで服役しているあいだは、大学教育を受け続けるだろう。そして、出所してからも、大学で勉強を続けるだろう。わかってもらえるだろうか。わたしはこんな尽きることのない願望を抱いている。自分の強さと弱さがどこにあるかを知りたいという、神がこの美しい緑溢れる地球に生きる者に与えてくれた願望を。わたしは日ごと、自分のやることに自信を持ちつつある。

今では、鏡にテープを張ることなく、わたしはひげを剃ることができる。

秘密

ジョアン・デルフ

　夜中の三時に鳴った電話で起こされたことがあった。わたしはまだ十二、三歳の女の子だったが、何かしら緊急の事態だと感じることはできた。心臓がどきどきした。母が電話をとり、「えっ、なんてこと！」と叫んだ。わたしは勇気を奮い起こし、何事なのか知ろうとした。わたしが居間にたどり着くと、母は受話器を握り締めてはいたが、ゆっくりとした口調に戻って話していた。母の顔に涙を見たので、わたしは怯えた。

　その晩、母は何が起きたのか一言も話してくれなかった。おそらく母は、わたしが悪夢でうなされないよう配慮したのだろう。何も悪いことなど起きていないのでベッドへ戻りなさい、と母は嘘をついた。それを信じたほうがよいことはわかっていた。しかし、それでも悪夢にうなされた。翌日、母はわたしのところに来て、恐ろしいことを口にした。「お座り、話しておくことがあるんだよ。」夜中にかかってきた電話は、ディーンおじさんのことであった。おじさんが自殺したのだった。

ディーンおじさんは、いつでもわたしのお気に入りだった。美しい顔立ちで、人を惹きつけ、心遣いのある優しい声で話した。おじさんの周りにいるときは、特別な心地がした。実際、おじさんは子どもたち皆を、特別扱いしてくれた。わたしたちのヒーローだった。雪だるまづくりを手伝ってくれたり、一緒にかくれんぼする時間をつくってくれた。そのおじさんが死んだなんて、まったく信じられなかった。信じたくはなかった。しかし、やがて本当の気持ちがじわじわと湧いてくると、おじさんが死んだかどうか、そんなことはどうでもよかった。それどころか、嬉しくさえあった。そう、ディーンおじさんのなかにいたヒーローは、その愛ゆえに高い代償を払ったのだ。七歳の少女であったわたしに、大きな傷を残して。

おそらくは、どんなタイプの人かはわかってもらえるだろう。遊びの最中に、愛想よく二階へわたしを連れて行き、上にのしかかってくるおじさん。それを誰にも喋ったらダメと口止めするおじさん。それがディーンおじさんのもうひとつの顔だった。病んだ側面だった。わたしは何をされているのか十分理解してはいたが、誰にも何も言わなかったし、今も言いたくはない。わが家にやって来た人びとが、ディーンおじさんのために声を出して泣いたり、すすり泣き、鼻をすすっているのを、わたしは見つめていた。どうしておじさんが自ら首を吊ったのか、誰も理解できなかった。しかし、わたしにはわかっていた。おじさんが死んでくれたほうが、わたしには幸せだった。

わたしはお葬式には行きたくなかった。葬式後の会食の準備を手伝わせた母を恨んだのを覚えている。だけど、それが唯一、わたしがお葬式に出なくてもよい方法だった。家の中でひとりぼっちで座っていると、怒りが込み上げてきた。わたしはディーンおじさんに話しかけ始めていた。全身の力を振り絞って、おじさんに向かって叫んだ。そこにおじさんがいるのが感じられた。皆はディーンおじさんとの最後の別れに出かけたというのに、おじさんがこの場にわたしと一緒にいるのは皮肉に思えた。わかってもらえるだろうか。ディーンおじさんには病的なところがあったというのに、わたしは依然としておじさんを愛していたのだ。そうして、おじさんが決してサヨナラも言わず、謝りもしなかったことに、わたしは憤りをおぼえた。臆病にもこんな形で逃げて行ったことに憤りをおぼえた。

わたしはおじさんにそう言ってやった。

ようやく皆が車に乗ってわたしたちの家にやって来た。皆は飲んでは食べ、ディーンおじさんについて語った。ある者はショックを受けていたし、ある者は怒ってもいたが、ほとんどの者は悲しみに沈んでいた。ただし、子どもたちを除いてはである。わたしは、自分と従姉妹《いとこ》たちのいる辺りを見回した。そして、そこに解放感……僅かに、ひそかな解放感が漂っていることに気づいた。大人たちが何も知らなかったことなど、わたしたち子どもにはどうでもよかった。とにかく終わったことだから。

その苦しみの体験は、非常に強烈な記憶として、わたしの心に焼きついている。家族にとって不幸と思える出来事に直面して、それが自分にとって祝福とわかるのは奇妙な感覚でもある。もちろん、わたし自身が哀しんだことも覚えている。また、母の目に浮かんでいた苦悩を忘れることはできないし、そんな母の表情を見ては心が痛んだことも。

ときおり、わたしはそのときのことを思い出す。ディーンおじさんのした行為をわたしがどう思っていたか、一度もおじさんには伝えられなかった。そのこと自体、おじさんに欺かれていた気がする。でもおじさんがあのように生涯を閉じたことはその報いだと思えたし、不安なわたしの心にある種の安らぎをもたらしてくれた。

サンフランシスコの眺め

リーザ・トマス

サンフランシスコに住むと、人は自然の美を身をもって知る十分な機会に恵まれる。街の夜景や海岸線からのびる霞のかかった山々の素晴らしい眺めを味わえるのは、まさにサンフランシスコならではである。

昼間、街に足を踏み入れても、他の街を訪れたときと大差はない。車の流れを急ぎ足でうまく横切る人びと、ポケットの奥のものに手をやらないですむよう、出入口の薄暗い陰に居座る酔っ払いを避けて通ろうとする人びとで、通りは混み合っている。だけども、その酔っ払いは通行人を気に留めてはいない。この時間は彼にとって、昨夜飲んだワイルド・アイリッシュ・ローズによる二日酔いをさます睡眠時間であるから。夕方が近づき、太陽がその輝きを失い始め、そしてビル群の背後に隠れてしまうと、異なる信条、異なる人種の人たちが通りを満たし始め、新たな街の姿を訪問者の目に映してくれる。昼間は体にぴったり合ったスーツ姿であった男が、めかし込んだタキシード姿でその夜の最後のショーを観るため急いでいるかもしれない。また、選りすぐられた少数の女たちが通りの角に佇み、買い手が抱く夢想に自らを売り込もうとしているかもしれない。夢想がいかに倒錯したものでも、それが彼女らの生きのびるための駆け引きなのである。

もしこうした趣向がお気に召さなければ、チャイナタウンの街並みはいつでも人を歓迎してくれるところ。そこでは異文化が体験できたり、アパートの剝き出しの壁に飾るユニークな東洋の美術品を見つけることができるかもしれない。もっとも、この街のナイトライフを十分に見聞し満喫したければ、路面電車に乗ってみる必要があろう。まるで次から次へと画面が移りゆく映像の旅のように、サンフランシスコの生態を肌で感じ、耳で聞き、目で見ることができるのだから。

街の生活はあまりにも速いペースなので、海辺の安らぎを求めてサンフランシスコの別の側面を探索しようと思うかもしれない。様々な風情ある穏やかな風景のなかに身を置くことができるのは海辺である。海岸線に近寄ると、人はまず霧に包まれた山々が水平線を区切り、遥か彼方まで続いてゆく風景に出合うだろう。そうして、ハーフ・ムーン・ベイの鋸《のこぎり》の歯のようなギザギザの断崖の上で心と体が落ち着き始めたら、まもなく自然のいろんな動きが創り出す音が聞こえ始め、独自の交響楽《シンフォニー》を奏でるようになるだろう。そう、海辺が保つことのできる安らぎ、波浪は頭をもたげて丘を形づくり、ザザんと大きな音を立て力強く弾けて散り、最後には、鳥たちを獲物から追い払い、岸辺に広がり消えてゆく。もっとも、海がもたらしてくれるものは、これですべてというわけではない。それどころか、まだまだある。海は自らの空間を、そこに果敢に挑もうとする者とは誰とでも分かち合おうとするだろう。海には波乗りをしようと、サーフボードの上で立ち上がろうとする者がいる。多くは水の渦に飲み込まれてしまうが、驚くことに、次の波が挑みかけてくるまで、勝者として海上に君臨する者もいる。

しかし、至福のときは、海を包む空間が人の心に安らぎを淀みなく送り込むときである。そのときがやって来ると、まるで魔法に包まれたかのよう、あわてて魔法の杖がどこにあるのかと辺りを見回す。でも、海辺には様々な風情の多くの美があるのだから、魔法の杖など必要ないのである。それゆえ、そこにない光景を求めたりせず、自然の恵みが与えてくれるものを慎ましく受け入れることになる。そう、ここは、人の手では触れることも、持ち去ることもできない、特別な恩恵を授かるところ。

イースト・クリーブランド

テランス・D・バーンウェル

イースト・クリーブランドはわたしにとって、いつも特別な場所であったし、今でもそうだ。年月とともに数多くの変化があったとしてもである。イースト・クリーブランドで育ったわたしは、そこで多くの夕べを遊んで過ごしたものだった。そこは環境がよくて安全なところと言われた地域であり、親たちも通りで子どもたちを遊ばしておくのに何の心配も要らなかった。年を経て、わたしやわたしの仲間たちが成長しても、イースト・クリーブランドは、わたしが幼かった頃と同じだった。少なくとも、「クラック・コカイン*」が通りに侵入してくるまでは同じだったのだ。

この中毒性の、ときに死をもたらすドラッグがイースト・クリーブランドの通りを襲った時期には、わたしはそこを遠く離れた少年院の中にいた。わたしが家に戻ったのは、クラックが馴染みある近隣一帯を蝕み始めてから一年余り後のことだった。周りの様子や隣人の振る舞いから、この辺の地域が徐々に荒廃していくのがわかった。わたしがここを離れる前は、通りはたいてい静かだった。子どもたちが遊び回って騒ぐ声や、通りを抜ける車から流れる音楽の大きな音ぐらいであった。ところが今では十代の若者から大人までが、まるで行商人のように通りに立ち並び、クラック・コカインを売りさばき、派手な車を乗り回し、品のないラップ音楽を大音量で垂れ流す。皆が皆、通りを飛び交うドラッグの売上金の分け前にあずかろうとし、そのためには何でもするという有り様である。

イースト・クリーブランドでは、住民の気質に加えて、彼らの実際の態度や行動もまた悪くなった。彼らのなかには、わたしが子どもの頃から知っていた者たちもいる。人に優しく親切で、いつもお互い助け合っていた者たちだった。誰かが、あるいは誰かの家族が食べ物や車が必要なときには、隣近所をあてにできたのだ。たとえば、モンゴメリーおばさんの息子ジェロームが遊んでいて足を骨折したとき、おばさんは息子を病院へ連れて行く手段がないので困っていた。その際には、隣のロスさんが彼らを病院まで運んでくれたのだ。ところが今では、クラックがイースト・クリーブランドの多くの通りを汚染してしまった。住民たちの心は固く閉ざされ、ドラッグ代や世俗的な物にしか関心を払わないようになっている。お互い助け合うこともなく、それどころか通りの角に立ち、ビールを飲みつつお金を稼いでいるのだ。もはや隣同士お互い面倒を見合うようなことなどなく、自分のためになることしかしない。

現在、イースト・クリーブランドは暴力にも見舞われている。クラックが大部分の住民の心を腐らせてしまい、わたしが育った頃とは異なった場所になってしまった。ここでは、何らかの不法行為で——そしてその大部分はドラッグ絡みで——毎日少なくとも二人が殺されるか、重傷を負うという現状である。十二歳の幼い少年までもがクラックを売りさばき、ドラッグに関係した強盗や殺人といった重罪を犯している。そして、この深刻化する事態を誰も真面目に憂うことなく、改善しようともしない。自分の隣にいる男や女、子どものことなど、ますます気にかけなくなっていくようである。彼らの頭にあるのは、己のことだけなのだ。

たしかにイースト・クリーブランドは悪い方向へと歩み続けている。しかし、もしこの地域の皆が一枚岩となって努力しようとするなら、ドラッグの売買を絶つよう努力するなら、今よりは住みよい場所になることだけは間違いないだろう。もちろん、わたしが子どもだった頃と同じ姿に戻る筈はない。しかし、少なくとも今そこに住んでいる子どもたちには、もっと安全な場所となるだろう。イースト・クリーブランドは、わたしが育った頃といくら違っていようとも、わたしが愛しい思い出を抱く場所であり続けるだろう。

＊クラック・コカイン　加工して効き目を強めた安価なコカイン。燃やすとパチパチと音がするところからこの名前がつけられた。一九八〇年代にアメリカ都市部の若者の間で広まった。

靴のなる木

ハロルド・キャラハン

わたしがはじめて、ここピカウェイ刑務所に来たとき、所内にある奇妙な木のことを耳にした。わたし自身は森で伐採の仕事をしていたこともあり、樹木についてはよく知っていると思っていた。だが、そんな木を見たことは一度もなかった。そう、たしかに見かけは普通の木なのだが、その果実は決して今まで目にしたことのないものだった。木の枝にぶら下がっているのは、なんと靴だった！　ナイキとかリーボック、州政府配給の靴《ステート・シューズ》、浴用靴《シャワー・シューズ》、あるいは無地の体育館シューズである。

この靴のなる木について、わたしは何人かに質問を投げかけた。木の上に靴を放り上げるなんて、いったいどういうことなんだ、などと。そして、いくつかの返ってきた答えに、わたしは大いに驚いた。その例を少しあげよう。

ジョンは次のように言う。「釈放され家に帰るんだ！　それでも、ここに何かを残しておきたいんだよ。」

バックは言う。「刑務所にいたのは俺の過ちのためだとしても、ここで失くした時間にたいする、制度への反抗だ。制度にたいして異議を唱える俺の最後の機会でもあるのさ。」

ベンは言う。「服役中、ずっとこの靴を履いていたんだ。ここを出てからも履くなんてまっぴらだ。新品の靴と新しい人生の始まりを手に入れたんだ。だから、この使い古しをここに残しておくのさ。この古靴には、あまりに多くの痛みや苦しみが染み込んでいるからね。」

ジョージは言う。「おい、あの木にどれだけのお金がぶら下がっているか、見てみろ！」

でも、どのように解釈しようと、その木の傍らに立ち止まって思いを巡らせると、その木がわれわれに意味するものが実に多くあることに気づくだろう。木は育つのに何年もかかる（人間もそうだ）。風に吹かれて曲がってしまうか、朽ち果てるまで高く真っ直ぐ伸びてゆく（人間も同じだ）。そして、あらゆる種類の果実をつける（わたしたちもそうだ）。わたしの目には、自分にもう必要でなくなった、例えば刑務所のようなところに、何か自分の証を残しているのだと映る。自分自身の何かを、自分の一部を残しておくのである。誰かがその木の辺りを通りかかり、そして言えるように。「おい、誰それの靴があるぜ。いったい今頃、奴はどうしているのだ」と。

たしかに、わたしはここへ来て、新しい種類の木を見つけた。だけど、この木について、これだけは覚えておかねばならないことがある——この木に登って実を採るべからず——採れば、規則違反の切符が切られるってことを。

最新情報　その木は今では丸裸になってしまった。「果実」はすべて摘まれてしまった！イナゴの大群にではなく、看守たちとクレーン車によって。再びその木が実を結ぶことがあるだろうか。誰が知ろう！

元受刑者、所内の学生を励ます

モーリス・ジャクソン

一九九三年八月三十一日火曜日五時三十分、オハイオ大学教育プログラムの成績優秀者の表彰式が所内で催された。その式典に出席した学生や職員は、わたしたちが今望みうる、もっとも関心を惹きつけられる講演者に恵まれた。この人物、マーティン・テレル氏は、聞く耳を持った者にたいしてはひとつのメッセージが伝わる話をしてくれた。そして、実際、われわれ全員が彼の話に聞き入ったのだ！

元受刑者であるテレル氏は、失望や絶望ではなく、希望と示唆に富むメッセージをもっていた。一五〇人近くの聴衆を前に、彼はこう語った。彼自身の体験談から学びたいことを学び、そして自分には当てはまらないと思う話は聞き流せ、と。

彼自身は四度の刑務所行きを経験し、人生のうちの十六年間を、刑務所を出入りすることに費やした。そして、何が彼をして破滅に至る道を歩ませたかわかっている、と明確に述べる。さらに、次のようにわたしたちに投げかける。わたしたちもまた、それぞれの道を転げ落ちることになったその瞬間を、はっきり指摘できるはずだと。

テレル氏は強調する。君たちが釈放されたからといって、すべての問題を解決してくれる魔法の窓がそこに待ち受けてはいないのだと。そして、彼自身について語る。オハイオ大学のジャーナリズム学部の大学院に入学を認められ、そこでGPA[*1]三・七という優秀な成績を維持し、一番の成績で修了したのだが、自分が教育の大半を刑務所内で受けたという事実は決して変わらない、と。オハイオ大学での就職面接でも、彼は苦渋に満ちた選択をせねばならなかったという。過去については面接員に何も話さないか、それとも本当のことを話すか！

彼は面接で自分の経歴を話す決心をした！　人事担当の面接員は、過去に起きた出来事すべてに彼が誠実に向き合っている事実を評価してくれたようである。そして、それが、オハイオ大学で助成金獲得の事業計画を立てるという職に彼が就くことのできた、主たる要因であった。

現在、テレル氏はオハイオ大学事業開発部局の教養学部担当の副部長であり、同学部のために寄付金を出してくれる企業と交渉する仕事をしている。彼の部局は五年間で一〇〇万ドルを集める目標を立てた。しかし現時点で、およそ一二五万ドルを得ており、新たな目標の一三〇万ドルを目指している。獲得不可能なものを夢想ばかりしていた男にとって、こんな数字を扱うことができること自体が素晴らしいじゃないか！

彼の話が佳境にあるとき、わたしはざっとホールを見回した。わたしの目に映ったのは、畏敬を持って真剣に聞き入る全聴衆の顔だった！　マーティン・テレル氏は聴衆を見事に惹きつけていた！　いくら聞かないでおこうとしても、この男の話に魅了されてしまうのだ。それはあたかも歴史上の偉大な人物が語る話に聞き惚れているかのようだった――この男はわれわれと同じく過ちを犯し、刑務所に入れられることを、自らの絶望的な状況を救う手だてとして受け入れようとしなかった人間だった。しかし、テレル氏は変わった！　彼は生まれ変わり、この日のためにメッセージを与えることができる人間になった。彼のメッセージは、故マーティン・ルーサー・キングの「わたしには夢がある」の演説[*2]を思い起こさせるものだった。

テレル氏の夢は、刑務所から彼が解放されたとき、ついに実現した！　ついに自由になったとき！　全能の神さまよ、感謝！　ついに自由の身になったとき！

＊1　ＧＰＡ　Grade Point Average の略。各授業で得た成績評価点の平均値。オハイオ大学ではＡ＝

四・〇を最高値として、B＝三・〇、C＝二・〇、D＝一・〇という評価基準を設けている。

＊2 **「わたしには夢がある」の演説**　人種平等を目指した公民権運動の黒人指導者マーティン・ルーサー・キング牧師（一九二九―六八）が、一九六三年のワシントン大行進の際の集会で行った演説。アメリカの名演説のひとつとして広く知られる。本エッセイの最後の段落も、その演説の締めくくりの言葉にかけたもの。

刑務所がわたしを挑戦者にした

デレック・H・ランダース

新たなメッセージがわたしを襲い、新たな振る舞いをわたしに求めた。もっぱら試行錯誤を通してだが、わたしは新しい基準と価値観を、日々の社会的行動のなかに植えつけようと努力した。そして、自らの新しい政治的立場を説明しようとするとか、自らの最新の社会哲学に従う試みには、成功と同じだけの失敗があることを発見した。授業で与えられる課題をこなすことよりも、教育それ自体が生きる手段となった。刑務所における教育は知識の獲得を意味するが、その知識に責任が付随してくるのだった。

わたしは新たに担った義務を果たすことに努めた。所内の学生の多くは、釈放されてただ生産的な人間になること、社会で納税者になることが、所内で受けた教育成果の証だという。しかし、わたしが負う債務は、行動に移してのみ清算することができる。教育を通してわたしは、貧しき者が貧しいのは貧しき者がそう望んでいるからだ、という考えに反駁《はんばく》できるようになった。女性蔑視の力学とその破滅的なまでの悪影響についても理解し始めた。誰かがアフリカ系アメリカ人は知的に劣るとか、ラテン・アメリカ系は劣った遺伝子ゆえに怠惰なのだと歪《ひず》んだ説を述べ、それを傍らで座って聞いているだけでは、わたし自身にも責任のあることがわかった。性差別、人種差別、階級差別と同じく、好戦主義や愛国主義もまた危険になりうることを、本当に理解し始めた。性差別主義者、人種差別主義者、同性愛者にたいする固定観念に囚われている者に、はっきりと異議を唱え立ち向かえないのは、彼らとの受動的な共犯関係に過ぎないと、教育はわたしに教えてくれた。

刑務所での教育は、自らが依って立つパラダイムの変化だった。青虫は草や木や葉の世界に生きていた。青虫はその生理機能と重力に拘束されていた。しかしながら、青虫は蝶に変わると、それまで決して得ることのなかった視野を具えて世界を眺めながら、地上高く飛び回ったのである。青虫が蝶に変身したように、刑務所での教育は、この新しい広がりを持った世界だった。わたしはかつて他の受刑者に感じていた感情の欠如を不審に思った。社会現象というもっとも複雑なものを、わたしはいかに単純化していたかに気づいて驚いた。メディアにより無理矢理に飲み込まされる、巷に流される政治談義の多くに何ら疑いを挟まなかった自分を恥じた。

つまるところ、刑務所における教育とは、特定の法則や一連の主義主張を学ぶことではない。人の名前や日付、なんらかの集団が成就したことを記憶することではない。刑務所での教育とは、何を考えるかではなく、いかに考えるかを学ぶことだ。それは、判断力のある人間を創り出すことであり、どんな羊飼いが来ても喜んで従うような騙《だま》されやすい「子羊」を育てることではない。わたしにとって、刑務所における教育は、学んできたものを自らの血肉とし、他の人間の生活の質的向上になるよう働きかけねばならないことを意味する。刑務所での教育は、知識を、知識とともに責任を、責任とともに行動を、行動とともに変化をもたらす。そして、変化というのは、エミリー・ディキンスン*が希望と名づけた、つかみどころのない「魂に宿る羽のあるもの」かもしれず、教育と同じく、われわれ一人ひとりの内に住まう蝶を飛び立たせてくれるものである。

＊エミリー・ディキンスン　外界との交流をほとんど絶ち、創作を続けたアメリカの詩人（一八三〇―一八八六）。イマジズムの先駆者として評価が高い。彼女の作品の多くは無題であるが、そのひとつに「希望は魂に宿る羽のあるもの」で始まる詩がある。

出て行け！　戻ってくるなよ！

デリック・コウムズ

早期釈放が決まって以来、ここ三か月のあいだ、わたしは一般社会に戻ったときに直面する現実について考え続けている。自分自身に頻繁に問いかけてみる。「いかに厳しいものだろうか？　そこでうまくやって行けるだろうか？　ここに戻ってくることはないだろうか？」と。

もちろんこうした疑問は、釈放の機会を得た誰もが抱くものだろう。抱いて当然の疑問でもある。しかし、仮釈放審査の面接にかかる前に、あるいは早期釈放の機会をもらう前に、このような疑問を自分に投げかけておくことは大切なのだ。わたし自身は、所内での時間を生産的かつうまく使えたと思うのだが、刑務所へ戻ってこないようにするとか、出所後のわたしを堕落から防いでくれるものは何かについて、つきつめて考えてはいなかった。

われわれは皆、一時的に社会的アイデンティティを剝奪され、名前でなく番号を与えられ、犯罪者や社会のはみ出し者というラベルを貼られている。さらには、自分に降りかかる事態の九九・九％以上が、自ら制御できないことなのだ——われわれは為されるままに身を任せていたら、それだけで気が狂ってしまうものである。そして、わたしが思うに、何にもまして欲しいのは、かけがえのないプライバシーだ！　刑務所内に存在しないもののひとつで、平穏と静けさ——釈放の際に期待するに値するもののことである。

監禁されることは、孤独で苦痛を伴う忌まわしい体験であるが、進行中の事態には必ず始まりがあったし、終わりがあるだろうことも忘れてはいけない。われわれは皆、自由になれる——遅かれ早かれ、そのときはやってくる。「囲み」の中の時間は、人生という書物の一章に過ぎず、それ以上のものではない。

われわれはここを出て行っては戻ってくる輩《やから》を、あまりに多く見ている。そして、われわれは思うのだ。「何て奴らだ。信じられない！　俺なら出所したら、絶対こんなところに戻ってはこない！」と。わたしも何度こんな考えを持ったことか。しかし、われわれがはっきり認識しておかねばならないことは、世界は回り続け、受刑者の心と外の世界の目まぐるしく変わる「現実」との間の溝を広げながら、社会が恐るべき速度で変化し続けていることなのだ。もしこの場所で更生しようという決意が持てないなら、釈放され一般社会に戻れば自分も自動的に変われるだろうなどと期待しないほうがよい。今が自分を変えるときなのだ。刑務所に来たときはひとりであり、出て行くときもまたひとりである。したがって、その事態に備え心の準備をしておくことが大事なのだ。刑務所は無駄な体験をするところではない！　一刻一刻がとても辛くとも、自分は大丈夫だと実感して出所したいのなら、その刻一刻を有益に使うべきだ。釈放後にうまくやって行けるかどうかは、かなりの程度、今――囚われの日々をどう過ごすかにかかっている。

では、具体的にどうすればよいのか。まず第一に、固い決意を持たねばならない。自分自身に訊ねてみるがよい。「本当に変わりたいのか？　これを最後の刑務所体験としたいのか？」と。今すぐ、この場で、正しい行いを試みること。自分自身に正直で――自分の思いを示すこと。自分の教育の幅を広げる、あるいは（所内で提供される機会を通じて）仕事に就けるような技術を身につけること。本当に役立つような、仮釈放に向けた実現可能な計画を立てること。そして、もっとも重要なことは、刑務所から釈放されることが、自分の抱える問題の解決ではない！と覚えておくべきだ。釈放は単なる中間点に過ぎず、外の世界には、もっと大きな、もっと複雑な体験が待ち受けているのだ。出所がコインの片面だとすれば、戻ってこないように努めることは、コインのもう一面なのだ！　刑務所生活に適応するには長い時間とエネルギーがかかる。それと同じだけの時間が、外の世界で再出発する際にも必要だろう。この刑務所から釈放された者の八〇％がここへ再入所してくるが、自分もまた彼らに加わるかどうかは、自分の決意次第である。自分はこんなところに舞い戻るなんてことにはならない、と高を括る前に、もう一度考えるのだ！　隣にいる奴がそうであったように、自分もまたいとも簡単に戻ってきてしまうのだ。

カレンへの献辞

リック・ゾーンズ

わたしはこのエッセイを、オハイオ刑務所教育協会の文章コンテストに出したいと思う。わたしがカレン・クルツについて書こうと決めたのは、わたしの生き方、そしてわたしが所内の大学プログラムで優れた学業成績を修めることに、彼女が多大な影響を及ぼしたからである。カレンは服役中のわたしに、所内で高等教育を受けるよう励ましてくれた。また、わたしの文才を褒めてくれ、自分の思いを紙の上に繰り返し表現してゆくことに自信を与えてくれた。たしかにカレンの励ましがなかったら、このエッセイを書くこともなかっただろう。彼女のわたしにたいする信頼があったからこそ、わたしはアッシュランド大学の短期大学課程を先ごろ修了することができた。そして、現在は学士課程修了に向かって順調に進んでもいる。これらすべてはカレンのおかげである。わたしが書くのは、カレンのためである。カレンのことを思うと、聖書の『詩篇』十六篇十一節にある「あなたはいのちの道をわたしに示される」という言葉が思い浮かぶ。カレンはわたしに、書くことや学ぶことの喜びを、身をもって知る機会を与えてくれた。いつの日か、このカレンからの贈り物を、他の若者たちにも手渡したいと思う。

＊＊＊＊

「わたしたち両親は、皆さんのお祈りを求めています」というのが、その記事の見出しだった。わたしはベッドに腰掛け、わたしの郷里の新聞を読んでいた。記事とともに載せられていた写真は愛くるしい若い女性であった。当然のことながら、その写真がわたしの注意を惹きつけたのである。記事は続けて、このカレン・クルツという若い女性は脳幹の端を悪性腫瘍に侵されていると説明していた。医者たちは、腫瘍の場所からみて手術不可能との診断を下していた。この愛らしい若い女性は不治の病の身であったのだ。何らかの奇蹟的な治療法が見つからぬかぎり、彼女は死ぬ運命にあるという。しかし、骨髄移植というきわめて危険な治療法に、その奇蹟が見出せそうでもあった。カレンはコロンバスの大学病院でその治療を受けていた。そして、彼女の両親が皆に祈りを求めていたのである。

カレンはいかなる病原菌にたいしても抵抗力がなく、何週間も隔離されたままだった。

この隔離期間中は、病室内では一切の面会が許されなかった。彼女に面会に来た者は、部屋の外に立ったままガラスの仕切りごしに話しかけねばならなかった。医者や看護婦でさえ、指定の無菌衣を着用するまでは入室できなかった。

わたしが読んでいた新聞記事にはカレンへのインタビューも掲載されていた。そこで彼女は、「刑務所の受刑者の人たちと文通しなきゃね。だってその人たちがどんなに孤独か、わたしにはわかるんですもの」と述べていた。そして、記事にはカレンの病院の住所や、彼女にとってはどんな手紙でもありがたい、などと書かれていた。わたしはそれほど返事を期待していなかったが、とにかく彼女に手紙を書くことにした。これが、一九八八年の三月二十七日にカレンが亡くなるまでずっと深まり続ける、われわれの友情の始まりであった。

「どうしてわたしが返事を書かないだろうと思ったの。あなたは過ちを犯して、今その償いをしているわけでしょう。それって別に、あなたが善くない人っていう訳じゃないでしょう。」わたしにたいするカレンの最初の返事は、こう書き出されていた。「腐った林檎」といったステレオタイプでわたしのことを見ない人と知り合ったことが、わたしの気分をとてもよくしてくれた。わたし自身は四年余りもオハイオ州の刑務所に服役中だった。そして、それまでわたしが探し求めていたセカンド・チャンスを与えようとしてくれた人はほとんどいなかった。それが、実際に一度もわたしに会ったことがないのにもかかわらず、彼女はそのような機会を進んで与えてくれようというのだ。わたしの罪状を聞くと、大部分の人間はわたしにたいして当たり障りのない態度をとろうとする。カレンは違った。わたしの行いは間違っていたが、それでも依然としてわたしは神様の子であり、それゆえ救われる筈、と彼女は最初からきっぱりと述べてくれた。

いろんな意味でカレンは、きわめて稀有な女性だった。彼女は理科教育学と演劇学を修めてオハイオ州立大学を卒業した。しかし、大学を卒業するずっと以前から、作家としての、そして多彩な役をこなせる役者としての素質は明らかだった。大学の一年次を終えるまでに、すでにキャサリン・マーシャルの『クリスティ』を題材にした劇を執筆・演出していた。また、役者としての才能を発揮し、自ら何度かステージに立ってもいた。

カレンは三年次を修了すると、日本で英語を教える職に就いた。そして、まる一年間、日本に滞在した。彼女が日本人の生徒たちのことをいかにいとおしく語ってくれたか、わたしはよく覚えている。彼女自身が日本語を話せない期間は、どれほど生徒たちに英語を教えるのが難しかったかを。まずは手振り、身振りだけが彼女の唯一のコミュニケーションの手段であったことを。そして、時がたつとともにカレンも日本語を覚え、それと同じように生徒たちも英語を覚えていったことを。しかし、カレンの日本滞在は長くは続かなかった。目眩《めまい》と運動能力の周期的な減退とが彼女を悩まし始めたのである。何かがおかしいことはわかったが、それがどれほど深刻なものかについては、まったく知る由もなかった。彼女は著名な神経外科医である自分の父親に相談した後、いくつかの検査を受けるためにアメリカへ戻ることにした。父親のクルツ博士は娘には決して伝えなかったが、最悪の事態を心配していた。カレンの症状は、あたかも脳腫瘍のように聞こえたのである。

帰国したカレンは、自らの信仰にたいする究極の試練、とでもいうべき道のりを歩き始めることになった。彼女の父の怖れは的中した。カレンは余命六か月と診断されたのである。大学病院に入院し、腕の良い外科医が腫瘍の一部を取り除いた。手術後は何週間にもわたり、毎日、放射線治療を受けた。そのために美しい長い髪が失われるなど、治療の影響は悲惨なものであったが、とにかくカレンは生きのびた。悪夢は去った。太陽の輝く明るい空が目の前に開けていた。しかしである。僅かな確率とはいえ再発の可能性を秘めた一片の暗雲が、どこかに残っていたのである。

治療が済むとカレンはオハイオ州立大学での勉強を再開した。正常な平衡感覚は失われ、両手はほとんど力が入らなかったが、彼女の精神力は以前のままであった。そして驚くほど彼女は他人を励まし勇気づけた。「わたしはこんな状況を生き残ってきたのよ。きっとあなたにもできるわよ！」などと言うかのように。再び、カレンは特別な魔法を操るようになったのだ。誰もがそう信じた。

翌年の春、カレンは大学を卒業すると、教員の職を探し始めた。こんな資質のある先生を誰が雇わないでおくだろうか。しかし実際は、面接のたびに、彼女のなかで何かが悪くなっていくようだった。まるで思考回路にショートが起きているようだった。

カレンの家族もその変化に気づいた。再度、さらなる検査のためにと彼女は大学病院へ送られた。再発の可能性のあった脳内の雲が、突然、爆発するかのように膨らんでいたのである。癌の再発であった。わたしがカレンを知り、その存在がわたし自身の生活を充たし始めるようになるのは、ちょうどこの時期である。

カレンは骨髄移植とそれに続く隔離期間のあいだも、ずっとわたしに手紙を書き続けてくれた。ときには、週に七通から十通も届くことがあった。彼女は決して不平の言葉を書いてこなかった。彼女の唯一の思いは、わたしに文通相手があるようにとの配慮にあった。自分自身よりも他人の身の上のことを思いやるとは、まさにカレンらしかった。

カレンは免疫を再び取り戻すと、自宅へ帰った。わたしたちはもう一度、彼女の奇蹟的な回復を待ち続けた。しかし今回は劇的な変化は起こらなかった――引き続く投薬と症状の悪化だけである。彼女の筆跡が徐々に読みづらくなるのを、わたしは目にし続けた。腫瘍が拡大するにつれて、彼女の右半身は不自由になっていった。一度は、カレンは父親を説得してタイプライターのキーボード上に拡大鏡を備えつけてもらった。もっと読みやすい手紙が書けるようにとの思いである。しかし、その試みもあまりうまくゆかなかった。もはや、彼女は文字の判別ができず、彼女の手紙は意味不明の文字の列になっていった。しかし、所内でわたしが手紙を受け取れるようにと、そのためにだけ書き続けようとしていたのだ。ほとんどの運動機能や、身振り以外の意思伝達機能も失いつつあった。しかし、この時期に至るまでに、わたしが善い人間なんだということを、彼女は友人や家族に納得させていたようだった。刑務所内の大学プログラムで優秀な成績を収めることや、文章を書き続けるよう終始励ますわたし宛ての言葉を、彼らはカレンの側に座って聞き書きしてくれたのである。

カレンの身に降りかかっている事態にたいして、わたしはどう応じるべきか苦しんだ。

彼女を取り巻く状況が少しでもよくなるよう、何か言わねば、何かせねばと感じたが、わたしは無力であった。そして一九八八年、棕櫚の日曜日《パーム・サンデー》の朝、二十四歳にもならずにカレンは両親の家で息をひきとった。その知らせを聞いたとき、わたしはある種の不思議な安堵感、さらには喜びさえ感じたことを覚えている。ようやくこの世での長い苦痛に満ちた旅を終え、薬や放射線や悲嘆からも解き放たれ——もう一度カレンは自由に歌い踊れるのだ。

カレンの身はこの世を去ったが、彼女が忘れ去られることはなかった。彼女への思い出は多くの人によって様々に語られ、称えられた。一九八八年の八月十二日金曜日には、日本の船引《ふねひき》から四十四人の生徒と教師たちがカレンへの最後の別れを告げにやってきた。カレンのかつての生徒たちは彼女が不治の病に侵されていることを知ると、渡米のための資金を蓄え始めた。彼らはカレンのもとを訪れ、彼女が自分たちに注いでくれた愛情のいくぶんかでも返そうとしたのである。残念ながら、生徒たちが渡米する前に、カレンは亡くなってしまった。しかし、彼らはカレンの死の報に接しても、彼女にもう一度会うのだという気持ちを捨てることはなかった。わたしの地元の新聞は、カレンのお墓の写真を載せていた。涙で眼を潤ませながら、かつてとても愛した先生に哀悼を捧げている東洋人に囲まれたお墓の写真を。カレンはわたしの心を打ったと同じく、明らかに彼らの心を捉えていたのだ。

カレンへの思い出と彼女の教育にたいする熱意を称えて、カレン・クルツ・メモリアル奨学基金が設立された。この奨学金は、カレンの出身高校か、彼女が教壇に立った日本の船引の高校で、演劇志望の最終学年の女生徒に送られることとなった。

カレンの死からかなりの間、地元紙に彼女についての記事が出ない日はほとんどなかった。誰もが彼女を、それほど深く愛していたのだ。カレンは、出会う人すべてに忘れられない印象を与える稀な人間のひとりだった。たしかに、あらゆる意味において、彼女は聖者だった。

刑務所内の大学プログラムに出席し始めてから、わたしは多くのことを学んだ。毎学期、成績優秀者のリストに載り、ここから釈放された際には、大学院に進学することも考えている。カレン、もし天上からわたしに目を注いでくれているなら、今のわたしを誇りに思ってくれることを切に願っている。すべては君のおかげなのだ。

編者付記

カレンの来日は福島県船引町《ふねひきまち》にある教会の関係によるものであり、日本人生徒たちが彼女のお墓を訪れたのは、一行のアメリカ研修旅行中の出来事であった。なお、このエッセイの著者がカレンと手紙を通じて知り合ったのは、殺人罪で懲役十――二十五年の判決を受け服役中のときである。彼は十二年間服役生活を送った後、一九九五年に仮釈放を得て出所した。しかし八か月後に、妻にたいする家庭内暴力の罪で逮捕され、仮釈放規程違反によって、現在ふたたび服役中である。

Ⅱ部　受刑者たちの声 ―詩篇―

ささやかな　もてなし——面会室で紙の蛙を折る

リチャード・ミラー

「違うってば！　父さん——そこはね
こう折らなくちゃ……」
練達の職人まがいの手つきで
小さな　ややっこしい紙片を曲げながら　息子は言う。
「そこを曲げすぎちゃ
あんまり高く飛ばないんだよ。」
わたしは曲げた折り目を差し出す　と
父さんの知らないことを教えているんだ　との思いに
息子の目は輝く。

「おい　こうかい」と　わたしは訊ね
（こんなものが　蛙みたいに
見えるなんて　と驚いて）
彼の小さな手を　しかと見ながら
わたしは指の動きを　懸命に真似てみる。

「そうだよ　父さん――それでいい」
不器用だが才能はあるって子に
老教授が微笑むように　息子は言う。
「さあ　飛ぶかどうか試してみよう。」

わたしは蛙の背中を　そっと押し
素早く指を滑らして――で　目を凝らして見た
小さな蛙が　ジェイソンの頭をこえて
隣のテーブルのコーヒー・カップに飛び込むのを……

お隣さんは　顰《しか》めっ面《つら》でも
わたしたちは　笑いを　こらえるのに必死。
ジェイソンは　わたしの手に触れ
前かがみに顔を寄せ　そっと囁く
「父さん　蛙はコーヒーなんて飲まないよ。」
そのとき　五年の空白を蔽《おお》うに足りる
てれ笑いが　大きくほころぶ。

ブリタニー――わが孫娘

シェリダン・R・ネズビット

彼女の写真は　水晶《クリスタル》の壺に入れられた
　わたしのお気に入りの花々を集めた花束《ブーケ》
子煩悩のお日様も　彼女を愛でて
　わたしのお気に入りの彩りを花器に映す！

彼女の写真は　活力の源泉
　栄養素を放ってくれる
わたしの人間性を　育んで
　くたびれた自我を支えるのに不可欠の

彼女の写真は　無粋なベッド・スタンドを

古風なチッペンデール調*に変え
そして　わたしは　もはや窓のない部屋にではなく
　愛情溢れるステンド・グラスの天蓋の下に眠る！

彼女の写真は　永久《とわ》の微笑み
　海芋《カラー》百合の野原を踊りまわるハチドリの羽のように
わたしの心を静止させ　弾ませ　舞い上がらせ
　そして　羽ばたかせる

　　神さま　わたしはこの子が好きなんです！

*チッペンデール調　イギリスの高級家具デザイナーであるトマス・チッペンデール（一七一八？―一七七九）が普及させた様式。バロック、ロココ、ゴシック、中国風など諸様式を組み合わせたもの。

父さん

クリスティーン・ベレンスン

父さんは　愛してるって言ってくれる
　わたしは父さんのかわいい娘
茶色の眼とカールした長い髪
　わたしは四歳の女の子

父さんは　しっかり腕にわたしを抱きとめ
　わたしには一番安心できる
きらびやかな鎧をまとった　わたしの騎士《ナイト》
　でも　父さんの約束は　まもなく破られる

暗くて陰鬱な　ある日の午後のことだった

人は　そんな昔のことなんて　と言うけれど
父さんがわたしから奪った純潔《もの》
ほんと　昨日のことに思えるの

悪かったねって　父さんは
わたしの涙を拭いてくれたけど
「一回きりのことだから」って言ったけど
それから何年も続いたわ

わたしは今じゃ　すっかり大人
でもね　一人きりでまだ泣くのよ
答えも出ずに　理解もできずに
何度もたずねるの「なぜ?」って

愛のこだま

トマス・ウィトリック

彼女が微笑んでくれたことがあったから
彼は彼女に一篇の詩を書いた。でも結局は　彼女に渡さずじまい
渡したとて　儚《はかな》い行為におわったろう。
彼は紙片を折りたたみ　そして
ひとつの季節が閉じるよう　引き出しの奥深く仕舞い込んだ。
そして今　見慣れた陽の世界に戻り
その詩を　彼は取り出して読む　そして
魂の閉じた隅っこで　愛の痛みが　彼の心を刺すのを感じる。
この気持ちを　なだめすかすことに　どんな意味があるんだろう?
夜ごと彼は　思いあぐねる。そして　彼は思い出す
町の向こう側で　月の光に照らされている彼女の家を。

そこへ足を運べば　その静けさと
ひっそりと芝生のうえに落ちる
遥かなる愛のこだまに　驚嘆せずにはいられない。

海の妖精《セイレーン》の物語

ルイス・E・ヒックス

セイレーン*1は生まれる
海底《うなぞこ》の
ガラスの容器《ボウル》のなかで
初《うぶ》なる息吹き
それが彼女を揺り動かし
(目覚めさせた)
息づかいは　心地よく
柔らか　穏やか
それが彼女をふっくら満たす
大きく見開いた目は
ともに暮らせる誰かを探す

（ともに息づかいのできる誰かを）
ひとりぼっちで　彼女は海床《うなどこ》を歩む

レビヤタン[*2]が彼女に歌を教える
が　誰も聞く者はない
そこには誰もいないのだから
（誰が聞けよう）
彼女はずっと待ち続ける
彼女の歌に耳を傾けてくれる誰かを
（ともに息づかいのできる誰かを）

期待のさなか　やっと　彼女はひとりの男を見かける
かつて見たことのない美しさ
彼女は　滑るよう彼に近づく
（ついに友が現れた！）

男は彼女に目をやり
逃げてゆく
待って！

彼女は歌いかける
彼は立ち止まる
（わたしと一緒にいて……）
彼は彼女の方へ歩む
魔法にかけられたかのように
（わたしと一緒に来て）
彼の手は彼女に触れる
（わたしと一緒に息づかいして）

セイレーンは横たわる
海底の

ガラスの容器のなかに
(目覚めて)
彼女の横には　ひとりの男が
ともに暮らせる
(ともに息づかいのできる)
彼女は男に歌いかける
海底の
ガラスの容器のなかで

＊1　**セイレーン**　ギリシア神話に登場し、上半身は人間の女性、下半身は鳥の姿とされる。岩に座して歌い、その美声により近くを通った船上の人を誘惑し、船を難破させたと言われる。
＊2　**レビヤタン**　海蛇のような怪物。悪の象徴ともされる。

最も洗練された暴力のかたち

ロバート・ベイヴィング

小便　血　悲鳴　涙　が混じるなか
　十歳のぼくは　立ち上がる
目の前に突っ立っているのは　拳を握り締めた
　六フィートの　ウィスキー甕《びん》のようなアル中の男
ぼくは「父さん　ごめんなさい」と
　歌など口ずさむことのない口先で　そう呟き
次のお仕置きの一発に備える。
ニュートンの物理学の法則を知る　ずっと前から知っていた
　少年の涙とリンゴは　落ちるしかないと。

俺は舎房の鉄格子が作る影に立つ

幻覚のため　その影は　ヘビのように足元のまわりで踊る
俺は心と目を　しかとまばたく
ヘビどもは　くねりながら　光と影の合間で受難劇を演《や》る。
厳正独居房での二一二日目
今晩　看守がアライグマの排便とシカの糞《ふん》の
　日々の餌を持ってきたとき
奴めには　尿の通貨で　チップを置いてやるさ。
われわれは排泄物を交わし合う仲間《パートナー》になれることだろう。
奴めは後ほど　楽団員を引き連れて戻ってこよう
　全員がドラマーで
全員が　俺の肌を叩きまくり曲を奏でる。
やがて彼らは去《い》ってしまうが　そしたら俺は　自分のシャツを
　血に浸し
そして　十七号の独房壁を塗り続けてやるさ

バラの花弁《はなびら》を描き　その上に「おまえを愛してる」と俺は書いてやった。
おまえは　人混みの酒場の中で赤いドレスを身に纏《まと》い
　バラの花を風船ガムと勘違いした。
八〇マイル離れたところで　俺は風船がはじけるのを聞き　そして知った
　最も洗練された暴力のかたちは　女の心に宿るのだと。

俺は汚れを脇にどけ　隅っこで膝を抱えて丸まった。
初めてだ　壁の煉瓦が血を流す
　十七号の独房に戻りたくなったのは
身体《からだ》だけが傷つけられた　少年時代のわが家に戻りたくなったのは。

無題

マルコム・X*の偉大さは
彼が普通の人間だったこ
とにある。

ウィリアム・H・マッケンジー

気乗りせず　座ってるのは
七年生の教室のなか
巧妙な　偽りの教育が
ぼくの意識に
ぎりぎりと刻み込まれる
ぼくは話すこともできないし
話したくもない
嘘つきどもの仮面劇に

激しい苦しみの　憤りが沸く
教室の窓から外を眺めると
小さな茶色い雀《すずめ》が一羽
おびえ　哀れに鳴き声も出ず
植込みに捕らわれている
ぼくは手を挙げ
トイレへ行くのを許してもらう
だけど　トイレには行かずに
外へ出て
その鳥を逃がしてやった
（苦痛を分かち合っているということが）
そうさせたに違いない
――ぼくのなかのマルコムが――
一瞬　ぼくは考えた
それから　僅かな希望と

いくつかの夢を抱いて　呟いた

「このやろう」

ぼくも自由にしてくれないか！

＊マルコム・X（一九二五—六五）二十一歳のとき強盗罪で投獄されたが、獄中で「ブラック・ムスリム」信徒となり、人生の転機を迎えた人物として知られる。出所後、急進的な黒人層からの支持を受け、黒人解放運動の指導者になった。同宗派から離脱後、ニューヨークのハーレムで講演中に暗殺された。

ぼくの内なる黒

フィリス・カーター

ぼくの内なる黒は　ぼくには見えない黒。ぼくはアフリカの王や女王を祖先に持つ　ひとりの人間として生まれ　ぼくであり　自由な身として知られていた。

でも　しばしば不思議に思う　ぼくの何がいけないのかって。人びとはぼくをただ見るだけ　いや見ることさえできないんだ。

彼らは自由の身　ぼくについての意見だって自由に言えるはずなのに。

なぜ？　なぜ言えないの？

君は自分を何者だと思っているのさ？　大物かい？　ぼくは自分が大物だなんて思っちゃ

いない　でも自分がとっても好きなんだ。

ぼくの内なる黒の　何がいけないのかい？　ぼくは君にはなれないし　君はぼくにはなれないさ。でも　やっぱり思うんだ。ぼくは自由の身かって。

そう　ぼくは自由――ずばり　ぼくの内なる黒に悪いところなど無い　と知る自由はある。ぼくは自分が好きなんだ。

ぼくの心は自由　ぼくの内なる黒に悪いところなど無い　と思う自由とか　知る自由はある。

なぜって　ぼくは　ぼくの内なる黒がどれほど美しいかを知っていて　ぼくの黒は一番の親友なのだから。

おお！　この黒ってやつは　ほんとにぼくをニヤリとさせる。友よ　ぼくがどれほど幸せ

かって　わかってくれるかい？

ぼくは君を　黒いやつとは見ないんだ。ぼくは君を　色はないが　人種の肌色いかんにかかわらず　美しい顔立ちの友として見る。

さあ友よ　聞いてくれ　君が敵でも仇《かたき》でもいいが　ぼくはそれでも　ぼくであり　ぼくの内なる黒をいつも愛し続けるだろうってこと。

なぜって　君が目にする最高に美しい人間とおなじように　ぼくは自由なんだから

ここは神の国　そして神の土地。友よ　手を差し出して　ぼくの手に触れてみてくれ　君の手と同じだろう。

そうさ　ぼくは従者でもあり　導者でもあるのだが　ぼくらの間にあるものは　血と脳みそだけ　ぼくは何も恥ずかしくない。

くそっ！　ぼくは　ぼくの内なる黒が好き　で　それがぼくを自由にさせてくれるものなら　ぼくは　それで最高に幸せ。ぼくは　ぼくの内なる黒が好きだ。

ぼくは思う　できるはずだと

ウィリアム・H・マッケンジー

ぼくは憤ることが　できるはず
その権利はあると思う。
今までは　どうだった
四百年の間＊？
で　ぼくの怒りを　なだめるために
人類とぼく自身への　大いなる不正を
称えることだって　できるはず。
人種差別主義《レイシズム》
偏見
目配せする政治屋たち
そして　猥褻なブルジョワども

わかってるだろう?
近親相姦やレイプ
そして　ドラッグの誘惑ってことも。
ぼくは憤ることが　できるはず
うそつき野郎《ども》の仮面舞踏会を
わかってるだろう?
「進歩を代弁する」と自称する
光が当たらぬところでは相手にされず
恐怖心にとらわれた
うわべばかりの
おべっか使いたちのことを。
ぼくは憤ることが　できるはず
そうしたことのすべてを
そして　喚《わめ》き
そして　叫び

あるいは　狂ってしまうのか
それとも　立ち上がるのか
そして　学び
そして　己を育み
そして　立ち上がる
そして　立ち上がるのだ……

ぼくは思う　できるはずだと。

＊四百年の間　アフリカから奴隷として中南米や北米に連れてこられた黒人の苦難の歴史をさす。ジャマイカ出身のレゲエ歌手ボブ・マーリーにも「四百年の間」と題した歌がある。

もうひとつの愛の詩

イライジャ・アブダル・ビラール・アミーン

だってぼくが詩人だから……　詩神《ポエトリー》がぼくの恋人となった。

彼女はぼくに歌いかける　革命の甘い歌を
ぼくは聞く　いにしえの黒人霊歌を　わが同胞を解き放て
その時は遠くはあるまい……

ぼくは聞く　M《マーティン》・L《ルーサー》・キングが山の頂で
彼の子どもたちのために　泣いているのを。*1

彼女はぼくにアフリカを語る　その美しさ
その文化　ぼくの遺産を。

詩のために　ぼくは思春期に童貞を失った
抑圧と貧困のために　ぼくは何年も前に無邪気な心を失った
ぼくに残されたのはペンと紙だけ
痛みを蓋うため　そして
暴力をくい止めるため。

彼女の甘い誘いは　ぼくの願いをすべて叶える
謀《はかりごと》なしの表現を通して　ぼくは満たされ……　ぼくは知る
ぼくの魂を駆りたてる詩の情熱を。

彼方からのリズムの力で　ぼくのペンは紙の上をすべる
異曲を叩く鼓手の音[*2]によって
世界の七不思議[*3]が現れるのを　ぼくは見た……
で　これは魔術だったのか？　それとも技法《アート》だったのか？

彼女は部屋からぼくに呼びかける　こちらへおいでと
もっと――もっとたくさん学ぶことがあるのよ
だからわたしの恩寵を　あなたは受け始めるの……　わたしの心の目
そして　わたしの抱擁を通して……

知的な交わりは　なんと聖《きよ》らかなもの
イブがアダムに与えられたよう　ぼくの魂の息吹のなかから
ぼくのために彼女が創りだされた
楽園とは　詩と散文の世界に違いない……

彼女は多くの詩人を知っている　皆が彼女の美を享受してきた
多くの詩人が彼女の部屋をともにした
詩の精髄《エッセンス》は　ぼくの恋人……

ぼくは彼女に問うたんだ　愛ってどうして分別を傷つけるのって
彼女はぼくの方を向き　微笑み　それから笑いはじめた……

愛があなたを産みおとし　あなたがわたしを産んだのよ
だから　あなたが探し索《もと》めているものを　わたしは持ってはいないのよ。
万物の創造へ目を向けるのよ　アフリカを探すのよ　あなたの文化を見つけるの
探し出すのよ　あなたの同胞《ブラザーズ＆シスターズ》たちを。

＊1　**M・L・キングが……**　キング牧師（本書七〇頁の注参照）は、「わたしには夢がある」の演説で、子どもたちが肌の色でなく、その人となりで評価されるという「夢」の実現のために、山々から自由の鐘を打ち鳴らそうと述べた。しかし今もなお、黒人差別が根強く残っていることをさす。

＊2　**異曲を叩く鼓手の音**　アメリカの作家ヘンリー・ソロー（一八一七―六二）の「もし仲間と歩調を合わさない者がいたら、おそらく彼は異曲を叩く鼓手の音を聞いているからだ」との言葉から。黒人作家ウィリアム・ケリー（一九三七―二〇一七）の小説の題にもなった。時代の変化を象徴。

＊3　**世界の七不思議**　古代の著名な七つの建造物をさす。エジプトのピラミッド、ハリカルナッソスのマウソロス霊廟、エフェソスのアルテミス神殿、バビロンのセミラミス空中庭園、ロードス島のヘリオスの巨像、フェイディアスの建てたオリンピアのゼウス像、ファロス島の大灯台。

捕《つか》まることなき詩神《ミューズ》*

シェリダン・R・ネズビット

公園のベンチにマリアン・ムアと一緒に腰かけ
真夜中の太陽が沈むのを眺めた――
そして　スフィンクスと古代中国の諸王朝を見た。
地下鉄のなかでフロストの隣に長いこと座り
勇を鼓《こ》し「歩まなかった道」について話しかけた――
眠気と闘い　約束を守りながら。
でも　ついに詩神には出会わずじまい。
喋ることを禁じられた図書館に座り
マクリーシュの指が伝える
言葉なき詩の資質と機能を聴き取ろうとした。
襟を正してシルヴィア・プラスの横に座り

それぞれの父親に想いを馳せた。
最高級の絨毯《じゅうたん》に足を組み合わせて座り
オマルとハリールの叡智を――
そして禁断の葡萄酒を試してみた。
怒れるクロード・マッケイと並んで
「壁ぎわに押しつけられて」立ち――
彼の絶望のマグマのなかに深く
あの巧妙な雑音《ノイズ》が鳴り響くのを聴いていた。
でも　ついに詩神には出会わずじまい。
彼らの仲間たちの皆とも　席や歩みをともにした――
でも　ついに詩神には出会わずじまい。
ラングストン・ヒューズがよく知る河岸に
彼と腰をおろしているときでさえ。

＊この詩では詩神（ミューズ）にちなんで、何人かの詩人を登場させている。マリアン・ムア（一八八七

―一九七二）、ロバート・フロスト（一八七四―一九六三）、アーチボールド・マクリーシュ（一八九二―一九八二）、シルヴィア・プラス（一九三二―六三）は、アメリカの著名な詩人、作家。オマル・ハイヤーム（一〇四八―一一三一）は、ペルシアの詩人・学者で『ルバイヤート』の作者。ハリール・ジブラーン（一八八三―一九三一）は、レバノン生まれの詩人でアメリカに移住し活躍した。クロード・マッケイ（一八八九―一九四八）は、ジャマイカ出身の詩人でアメリカで活躍。ラングストン・ヒューズ（一九〇二―六七）は、「黒人は河を語る」などで知られるアメリカ黒人の「桂冠詩人」とされる。なお、「歩まなかった道」はフロストの詩のタイトルから、「壁ぎわに押しつけられて」はマッケイを著名にした人種差別にたいする抗議のソネット「もしも死なずばならぬなら」の最終行から採られている。

よくぞ　戻った

ロージャー・L・エツワイラー

彼はなぞった……冷たい石壁
　冷たい色に……塗り潰された……
　　石垣のような囲みを。
「よくぞ　戻った　よくぞ　戻った……」石壁が繰り返し彼に唱える。
　……その言葉は肌から……毛穴を通り
彼の体に染みこんだ。
　　　　　　　眉を顰《しか》め　信じ難い心持ちで
　丸い鉄格子を
彼はなぞった。
　　　　　　　　　　　　　　　　　　「よくぞ
戻った。でも　長くは空けていなかったよな……よくぞ……」　彼は
鉄格子から身を離した。肌身を刺す？　いや……火傷《やけど》のような痛み！　彼は味わう
　暴行され　汚物を食わされ　辱《はずかし》められ　犯された気分を。　肌は

むず痒く　自分の……を舐めさせられ……　（悲鳴まじりの）息づかい。
　彼は運動場を横切った。
網目のフェンスに　手をかけた……

この場所を包囲する　ひんやりした鎖の輪　網の目に交錯した……
金網は　高い調子で　夜風のように　気まぐれに歌いかける
「愛すべき君《スウィート・ハート》よ　よくぞ　戻った　お前がいなくて淋しかった。」
　緊張に彼の体は強張って　筋肉はほぐれぬ瘤《こぶ》目をつくり
凍てついた骨のまわりに纏《まと》いつく――
　そのとき　奴等が　彼を追ってやってきた。彼は抗いもせず
（微笑みつつ）抗おうと……さえ……しなかった……　奴等には。
　青白い肉付きの手首に触れる　ひんやりしたクロム鍍金《メッキ》が
好きだった　手錠……手錠……手錠ってやつが。　優しそうだが
執拗で……　まるで兄弟を……いとおしむかのよう……奴等は
彼の腕をぐいと掴むや　連れ去った。リネンのような白い部屋へ……

沈黙が支配する部屋へと。奴等は彼を連れ去った。「よくぞ　戻った……」

優しげだが筋肉質の男たち　そのひとりが　白々しく囁くのを　彼は聞いた。

「よくぞ　戻った……」

そんなに遠くないんだから

ロージャー・L・エッツワイラー

ぼくは　よく見かけるのだ
二段ベッドに腰掛けて　目を見開いている男たちを。
目は虚ろ
鉄格子は　もう目に入らず
鉄条網や格子の網目も　視野に映ることはない。
痩せこけた指を　目の前で絡ませ
絶望という根に　縛られている。
彼らは何を考えているのだろうか？
彼らは何処にいるのだろうか？　……虚ろな彼らは
何百マイルの遥か彼方。
ぼくは　彼らのもとへ行く……傍らに立ち

静かに話しかけ　苦痛に満ちた沈黙の域を破る。
「ぼくと一緒に……体育館へ行こう」
「陽のあたる……外へ出よう」
「ぼくと一緒に……礼拝堂《チャペル》に行こう」
　　「集会へ……」
　「散歩しに……ちょっと話をしに……」
彼らの姿に　ぼくはわが身を思い出す
絡めた指
鏡に映る虚ろな目　そして
無限の苦痛……喪失……混乱で
卑しく　惨めだった自分の心を。
ぼくは見る……で　茫然とする
ぼく自身　唇を無理やりに動かして言う　「どうか」
「一緒に行こう　そんなに遠くないんだから！」と。

番号を刻まれた者たち

マイケル・L・ハンゼル

この者たちが眠るに値するのは　もっとましな場所
大空のもと　飾り気のない墓などではなく。
名前ではなく　番号だけが
不名誉に刻まれたところではなく。

屈辱のなか　一人びとり孤独のうちに死んでいった
そして今　俺たちは彼らの墓石を刻んでいる
世の人に番号がわかるようにと。
彼らはもう社会への償いは　済ませたんじゃないのかい？

犯した罪がどうであれ

一人びとりは　貧しい母の息子であった
で　母はわが子がそんなところに葬られないよう
熱心に祈りを捧げていたかもしれない。

だが　あの丘に　受刑者たちは眠る
大空のもと　窮屈そうに並ばされ
墓石には番号だけ
その下には　彼らの白骨。

そして今　彼らはトランペットの音を待つ
土のなかから　彼らが現れ出《い》でるときを
そして　死装束《しにしょうぞく》を脱ぎ捨てて
大気のなかで　救世主に出会うときを。

そのときにはキリストが　不名誉に死んでいった　その方が

正当な名前で　彼らを呼んでくれることだろう。
そして　彼らは神の座のおん前に立ち
ついに一人びとり……番号の刻まれた墓石から解き放たれる。

アメリカよ　かつてのお前じゃないさ

フランク・ルウェリン・ワーツ二世

アンクル・サム[*1]は死んでしまった……少なくとも　わたしたち皆が知り
　愛していたアンクル・サムは。
今日びのアンクル・サムは　腕にはズラリとヤクの注射跡
　手には小型の機関銃　で　スープの配給列に並んでる。
サムは身構え　肩にはアルカリ電池[*2]　そうして　あんたに喧嘩を
　吹っかけられたいと願ってる　浣腸みたいに
　あんたの鼻の穴に　Ｂ１爆撃機[*3]を突っ込めるから。

アメリカよ　おまえの国鳥は　死骸をあさり弧《こ》を描くハゲタカ[*4]で
　感謝祭の七面鳥は　本当はカラスさ。

サンタ・クロースは死んでしまった……少なくとも　わたしたち皆が知り
　愛していたサンタ・クロースは。
今日びのサンタ・クロースは　紙袋に包み隠した罎《びん》からワインを啜《すす》り
　子どもたちにワルさをし　巻き上げた腕時計で
　おのれの布袋《ぬのぶくろ》を膨らますのさ。
サンタはビデオやテレビを盗みに　家に押し入る
　でも　靴下にトナカイの肉を残すほどの優しさはある。

アメリカよ　おまえのアップル・パイには　大きな太っちょの蛆《うじ》虫が
　で　おまえの国産車は　外国製さ。

自由の女神は死んでしまった……少なくとも　わたしたち皆が知り
　愛していた自由の女神は。
今日びの自由の女神は　頬かむりにサングラスをかけ
　最高裁を惑わすために身につけた

ミニスカートで　国民の注意をそらす。
女神はドアに鍵をかけ　人が来ぬよう守衛を買収し
　中では　ヌード雑誌のために　ご自身がポーズだ。

アメリカよ　おまえの人種の坩堝《メルティング・ポット》の夢は　ヤク中の幻覚状態で見る悪夢
　そして　おまえの美の女王様《ビューティー・クイーン》は　エイズを患う男。

イースター・バニー[*5]は死んでしまった……少なくとも　わたしたち皆が知り
　愛していたイースター・バニーは。
今日びのイースター・バニーは　女装した男たちの夜の副業で
　いちばん手近な貯蓄貸付組合《セイビングス・アンド・ローン》[*6]に仕掛けるための
　手榴弾にペンキで色づけをする。
バニーは自分の子らを　煮込み肉用にと　中華料理屋に売り飛ばす
　愛人とのバミューダ旅行の費用に充てるため。

アメリカよ　かつてのお前じゃないさ。イカサマで　自堕落さ。
この役立たずで　怠け者の浮浪者め　俺の前から消えてくれ。

＊1　**アンクル・サム**　米国政府、米国民の擬人化。アメリカの漫画では、星条旗の図柄の衣装にシルクハットをかぶったあごひげの男として描かれる。
＊2　**肩にはアルカリ電池**　相手を喧嘩に巻き込もうとする挑発的、好戦的な態度の意。
＊3　**B1爆撃機**　高性能の長距離爆撃機。好戦的な態度で相手を挑発し、些細なことにたいしても、武力による過剰な反応（爆撃機）を示すこと。
＊4　**ハゲタカ**　アメリカの国鳥はハクトウワシ。ここでは皮肉。
＊5　**イースター・バニー**　復活祭のうさぎ。子どもに贈り物をもたらすとされる。
＊6　**貯蓄貸付組合**　州または連邦政府が免許規制する共同貯蓄機関。ここでは政府の金融機関の象徴である。

ある ベトナム戦争退役軍人《ヴェテラン》の思い

ハロルド・キャラハン

ほかの奴らが青春時代と考える年月を
俺は死ぬことの意味を知るのに費やした。
ほかの奴らが愛することを知る時期に
俺は果てしなく続く夜を　生き延びることを願って過ごした。
ほかの奴らが教室での笑いを思い出す瞬時
俺はジャングルでの恐怖を思い出す。
ほかの奴らに授けられた喜びの刹那
俺は戦争の現実により砕かれ
とっくの昔に忘れ去られた希望のことを思い出す。
ほかの奴らの見果てぬ夢は　これからも夢みることはできようもの
俺は自分の儚い青春を探し求めているのだが

そんなものは　もうないし
これからも　決してこないさ。

時間

ダン・D・バーガー

分　時　日　週　月　年……
時間。

陽が昇る　西半球に。

癌患者が長いドライブに出かける身支度
この小康が続くかどうか知るために
町を横切り病院へ。

兵士が妻の横で目を覚ます
湾岸戦争でペルシャ湾に送られてから

初めてのこと。

中年の女が若い男に会う支度
二十年前
養子に出したときには
まだ赤ん坊だった。

時間が脅《おびや》かされるか　奪われたときにだけ
われわれは立ち止まり
埋め合わせをしようとする。

町に来週くるサーカスも
幼い子には　ずうっと先に思われて
待ち遠しい。

この惑星で生後一年経つ犬は
人間の七歳に数えられる。
たとえ犬がそのことを
知らずとも。

七十年代　八十年代　九十年代　そして二〇〇〇年。
人は十年ごとに　出来事を振り返り
今を見つめ　今後を占う。

夏時間　好況期
不況期　休憩！

この地に陽が沈み
その日は幕を閉じる。
でも　世界の反対側で

新しい日が息づく。
この場所では「時々刻々」は浪費される
が　終わりが近づくにつれ
やがて　思い出され　懐かしがられる。

とても貴重なのは
大海のように溢れ　一滴の雨雫《あめしずく》のように消える
時間。

木と星と

ジェイムズ・ロバート・キムジー

空に浮かぶ小さな星よ
銀色に輝く　きらきら光る目をした
君のような　小さな星になるために
わたしができることは　何もないのかい？

それとも　瘤《こぶ》だらけの老いぼれた孤独な木
それがわたしに　お似合いの運命っていうのかい？
ああ！　こんな古びた世界から離れることができたらと
どれほどに心から願うことか。

むこうに聳《そび》える　見事な木よ

わたしの暮らしを　素朴だと羨《うらや》まないでくれ
わたしが泣いても　聞いてくれる者さえ傍《そば》にいない
孤独な老木にすぎないのだから。

わかるだろう　わたしには四肢の間を陽気に飛び抜け
歌を囀《さえず》る小鳥たちもいないんだ
夜ごとにわたしの胸元にやってきては　寄り添う
リスやシギだっていないんだ。

わたしには　この陰鬱な暮らしを元気づける
君のような素晴らしい葉っぱもない
幹の周りを輪になって歌い踊る
子どもたちもいない。

だから君　このがらんどうの場所から洩れる

素朴なわたしの光を見ても
わたしの暮らしを羨まないでくれ　見事な木よ
だって　君のほうが　はるかに恵まれてるのだから。

若者へのアドバイス

ローレンス・S・アレン

オークの木は　枯れるとき
　かつての姿を　人びとの記憶に残す
ゆさゆさ　揺れた枝
　年ごとに　わたしたちの目を楽しませた葉。
その想い出は　なんと美しく
　なんと忘れ難いことか
いずれ違った姿で　生まれ変わるだろう
　それが何だか　まだわからないけれど。

愛が枯れるときも　また同じ
　残されるものは　過去の記憶
心は　新たな愛を探し求める
　永遠に続くことを願いながら。
心は枯れない　だけど　しばしば傷つき
　そのたびに　繕いをする
まるで韻をふむ　詩作の手順《プロセス》のよう
　何度も何度も　繰りかえし。

Ⅲ部　オハイオの刑務所で教えて

「病むアメリカ」の刑務所

ここ二年ほど、わたしはアメリカ中西部オハイオの州立刑務所で働いている。勤務する大学が受刑者の教育プログラムに関わっているからである。わたし自身は派遣講師として依頼され、州都コロンバス周辺の六つの刑務所で「日本文化」の授業を担当してきた。多文化教育の一環である。所内での様々な体験のなかで、刑務所の抱える問題、犯罪で「病むアメリカ」について考えさせられることが多い。

日本の約二倍の人口を擁するアメリカでは、連邦・州・郡の刑務所を合わせて、受刑者の数は現在、百四十万人を超える。日本の四十倍近く、世界一の「刑務所人口」である。総人口比にして、十万人当たり五百人以上ということになる。一九八六年以降、麻薬犯に対する厳重処罰政策の影響もあり、受刑者数は二倍以上に膨らんだ。刑務所の数も連邦・州立だけで千四百を超え、この五年間に二百以上が新設されている。

人種や産業構成などの点から、ときに「アメリカの縮図」と言われるオハイオ州に限っても、約五万人の受刑者を抱えている。この数は州人口に対しては全米平均であるが、同州の刑務所不足は深刻である。州内の受刑者数は州全体の定員の一七〇%を超え、毎年、超過率では全米最悪の部類に属する。所内の過密解消は、州議会の重要な政策課題にさえなっている。

ところが、刑務所の新設には膨大な費用がかかる。税金が刑務所建設に使われることを歓迎する納税者はほとんどいない。地域のイメージダウンを伴う施設を住民がどう受けとめるかの問題もある。さらに政治家の思惑が絡むので、刑務所一つ建てるのも容易ではない。その結果、絶え間なく送り込まれてくる受刑者の収容場所を確保するため、早期釈放ということまで起こる。それゆえ、十分な教育や職業訓練を受けないまま出所し、再入所する「回転扉」と呼ばれる悪循環が生まれている。

オハイオ州でも受刑者増に伴う出費の増大が予算編成に歪《ひず》みを生んでいる。刑務所費用は年々増え続け、州予算の六%に達する。もっとも、これを解決するため、いろいろな策が考えられてはいる。民営化もそのひとつである。刑務所の運営を企業に委託しようというのである。さすがに、この経費節減優先策には安全性の問題などがあって反対意見も多く、オハイオ州ではまだ実現していない。しかし、全米の十三州ですでに民営刑務所が誕生している。なかには、イギリスやオーストラリアの刑務所にまで「進出」している会社もあり、営業成績もまずまずという。アメリカ資本主義の極めつきとでも言えそうだ。

受刑者の生活にもアメリカ的要素が見られる。彼らの会話に英語以外の言葉を聞くことも稀ではない。各宗教ごとの祈りの時間も設けられている。制服着用は義務づけられているが、履き物は自由。制服嫌いのアメリカ人、靴で個性をと言う者もいる。売店には煙草、アイスクリーム、カップラーメンからサングラスまである。初・中等教育に加えて、わたしの担当科目をはじめ、大学の単位が取れる授業も開設されている。施設自体も塀ではなく、金網で囲まれているものが多い。

こうした受刑者への「配慮」とか限定的「自由」は、人権擁護と矯正のバランスという刑務所の本質に関わる問題として、死刑制度などとともにつねに議論がある。そのうえ、受刑者増に伴う諸費用の増加、慢性的な施設不足、教育費削減、さらに人種暴動、蔓延する結核やエイズ、職員の労働条件の悪化など、数え上げればきりがないほどの悩みがある。もちろん、これらの問題の多くは、この社会に犯罪が多すぎるという原点――銃、ドラッグ、家庭崩壊など――と密接に関わっている。

刑務所は、一般には「見えない空間」であるが、社会の歪みが凝縮されている場所でもある。アメリカの刑務所で働いていると、しばしば「人類社会の実験場」と言われるこの国で、近代文明の発達とともに制度化されていったこの社会装置が、わたしの目には疲労し、ほころびてきているように映るのである。

（『中国新聞』文化欄、一九九五年九月二十一日付）

付記

一九九六年六月、オハイオ州矯正局は、昨年までの刑務所の受刑者超過率が「古い方法」にもとづいたものであり、全米矯正協会が一九九〇年に改定した算定基準に則して算出すると、現在の値は一三八％になると公表した。この件に関して州議員などからは、当局から提出された数字を考慮して刑務所関係の予算配分を行ってきたのであり、今まで新しい基準を使わなかったのは予算獲得のための政治的意図があったのでは、といった疑問も出された。矯正局は単なる局内の意思伝達上のミスとしたが、「公式」統計の信頼性が問われる例であろう。

ただし、その超過率が低下したとはいえ、オハイオ州が施設不足をはじめ深刻な問題を抱えていることには変わりない。実際、州内の刑務所の状況悪化は、何年も前から危惧されていた。

わたしは訪れる機会はなかったのだが、州南部ルーカスヴィルにある重警備施設のオハイオ南部刑務所では、一九九三年四月に十一日間にわたる暴動が起き、全米のマスメディアの注目を浴びた。

この期間中に、看守一人と受刑者九人が所内で殺され、施設の被害は五百万ドル以上と見積もられている。このルーカスヴィルの暴動は、看守や職員十人、受刑者三十三人の死者を出した一九七一年のニューヨーク州アッティカ、受刑者三十三人が死亡した一九八〇年のニューメキシコなどに続く、アメリカ刑務所史に残る大規模な暴動となった。受刑者の処遇や受刑者間の人種・宗教対立といった原因解明も含め、現在も裁判が続いている。

なお同刑務所では、一九九〇年に所内の職員用トイレで一人の教員が受刑者に殺害された。この件についても、教員の安全確保の責任などをめぐる裁判が続行中である。

「プリズン大学」の教室から

一、人は出会う

まずはアメリカの刑務所での、わたしと受刑者との出会いから話そう。数年前、広島大学の大学院での進級試験に落ちて身のふり方に悩んでいたわたしは、知人を頼ってオハイオ大学にやって来た。同大学が州内六つの刑務所に講師を派遣し、受刑者に大学教育を受けさせるプログラムに携わっているとは、当地に来るまでまったく知らなかった。

留学して一年ほどたった頃である。州都コロンバス近くのオリエントという町の刑務所でアフリカ史を教えていたアメリカ人の友人が、突然、わたしをゲストとしてクラスに招きたいと言ってきた。彼が授業中に、スワヒリ語を話す日本人を知っている、とわたしのことに触れたとか。それで、学生たちが、スワヒリ語にも日本のことにも興味があるので、ぜひわたしを連れてきてくれと頼んだらしい。

かつてわたしは、大学を一年休学して東アフリカでスワヒリ語を学んだことがあるが、その後、使う機会もなくほとんど忘れてしまっている。それに、本当に彼らがスワヒリ語や日本のことに関心をもっているのだろうか。まるで、檻の中のライオンが、サバンナで自由を享受しているシマウマを餌食にと企んでいるような話ではないか。

不安と好奇心のなか連れていかれた所内の教室には、大学のキャンパスと同じくとても熱心な学生がいた。わたしのほうは、スワヒリ語にも日本に関する質問にも満足に答えることはできなかった。それでも最後に、わざわざよく来てくれたと感謝され、握手まで求められた。この体験がきっかけで、後に刑務所で働くようになるのである。

オハイオの刑務所でのスワヒリ語を縁にした、日本人留学生とアメリカ人受刑者との出会い。今振り返っても不思議である。でも、そのスワヒリ語には、「山と山とは出合わないが、人と人とは出会う」という諺がある。

二、囲みの中の学校

オハイオ大学の大学院に一年半在籍した後、わたしは同大学の分校のひとつで、講師として日本語のクラスを教え始めた。その田舎町にも州立刑務所があった。成人男子約二千人を収容する施設である。

ある日、所内の教育担当の女性職員から、受刑者が日本語の勉強会を作り、先生を探している、と連絡があった。多少の戸惑いもあったが、ゲストで訪れた刑務所での真面目な学生の顔が思い出され、ボランティアとして、ひと夏、教えることにした。終わると今度は、カレッジ・プログラムの講師として、正式に来てくれと頼まれた。

アメリカの刑務所には、日本語の授業を設けているところもある。しかし、わたし自身は大学当局とも相談して、多文化教育の枠組みのなかで「日本文化」を開講することに決めた。この国では、この種の科目は自国の相対理解だけでなく、国内の多文化理解にも繋がる。

授業は、時間数や単位、試験など大枠は大学の規定に従わねばならない。今までわたしが教えたクラスの学生は、十人から多いときで五十人近く。人種的には、白人と黒人がほぼ半数。中西部という地理的条件のため、ネイティブ・アメリカンやヒスパニック系、アジア系は少ない。年齢は二十代から三十代前半が一番多い。一度だけ、父子が並んで教室に座っていて、唖然としたことがあった。犯罪歴は教員としての仕事に差し支えるので、こちらからは聞かない。

殺風景な教室内は、濃紺のくたびれた受刑者服の男ばかりである。唯一の色気は、受講者の腕に彫られた入れ墨であろうか。だが、それとて、わたしが広島での学生時代に銭湯でしばしば見かけた、真っ赤な「鯉《カープ》」の芸術性にはほど遠い。

「プリズン大学」は、何重もの金網に囲まれた、きわめてむさくるしいところだ。

三、カルチャー・ショック

文化と名のついた授業をすることは、とても難しい。いつの日か、地理を空間軸、歴史を時間軸とし、それに文学などの芸術を精神軸とした三次元的座標のなかで、文化や社会現象をいきいきと語ることができたら、と夢のように思う。しかし実際は、学生とカルチャー・ショックをやりとりしつつ、試行錯誤の連続である。

受講生のなかには、思いのほか日本について知っている者がいて驚かされる。日本滞在の経験がある軍関係者、当地に日本人の友人がいる者、日本人と国際文通している者、仕事で日本人とつきあいのあった者たちである。もっとも、授業は日本に疎いマジョリティの学生に焦点を当てなければならない。「民主主義」の国である。

初日の授業は、何も言わずにお辞儀をすることから始める。日本人などテレビでしか見たことのない学生には、わたしの身体とその動き自体が珍しい教材である。そして、簡単な自己紹介を済ますと、風船地球儀や日本製の世界地図で日本の位置や大きさを様々な角度から確認する。

歴史について話す日は、持ち込み許可を得たビデオとプリントで、二千年の歴史を説明する。時間の重みが痛感できる場所にいてもやはりアメリカ人である。彼らには歴史や伝統の重みは実感しにくい。人種や宗教の話題で学生同士が対立すると、「日本人から見れば君らみな同じガイコクジン」と、彼らの意表をついたやり方で話を強引にまとめることができるのは、日本人教員なればこそであろう。

日本語に興味がある学生は多い。それゆえ簡単な挨拶や表現を教え、教室内で使ったりもする。以前、ある刑務所の入口で、看守や出入りの牧師に「ハロー」と挨拶すると、彼らに「コンニチハ」と返され、思わず足がもつれそうになった。わたしの学生から聞いたらしい。こういうのもカルチャー・ショックになるのだろうか。

四、ファーストハンド体験

文化理解には、自らが体験するファーストハンドな機会は貴重である。それは何も現地に行かなければ駄目ということではない。文字通り、初めて見聞きしたり、手がけることの重要性である。

授業では、わたしは不器用ながらも折り紙を紹介することにしている。正方形に切りそろえたコピー用紙と、兜や風船、鶴の折り方を説明したプリントを配り、一緒に作るのである。糊もはさみも使わずに、一枚の紙から立体の作品ができあがることに、学生たちは歓声をあげ素直に感動してくれる。子どもや孫にも教えるつもりだ、と感謝されたことや、自分の創作による恐竜を、「ジュラシック・パーク」さながら見せてもらったこともある。

手だけでなく口を動かして実感すべきものに、食文化がある。食べ物について言葉だけで聞かされるほど、味気ないものはない。一般の大学のクラスでは、学期末にフィールドワークと称して、州都にある日本料理店まで皆で車を飛ばして行くこともある。しかし、刑務所でそんな企画をしたら、こちらが「出所」できなくなる。しかたがないので、日本料理のビデオを見せ、想像力を働かせて味わってほしい、とかなり無理な注文をつける。

米については、学生の多くはある程度の理解はある。質の高さや料理に見合う種類の豊富さという点から、「日本にパンを食べに行き、アメリカに米を食べに帰る」と言ったライシャワー発言は正しいとも思う。ところが、瀬戸内で育ったわたしの好物、魚料理は、海のないオハイオではまったく人気がない。オハイオ川のなまず料理にマクドナルドのフィッシュ・バーガーでは、話にもならない。大皿の上でまだヒクヒク動いているテレビ画面の活造《いけ》りに喚声をあげている学生たちの後ろで、ひとりわたしは生つばを飲み込んでいる。

五、「スノー・カントリー」

わたし自身は文学を講義する資格はないのだが、学生にはぜひ日本の小説を読んでほしいと思った。それは、乾いた用語や数字の羅列では描写できない日本人の心象風景や精神世界が、文学作品を通じて伝わるのではと思ったからである。そして、学生がどんな印象をもつかに興味もあったので、感想文を書いてもらった。

最初に題材に選んだのは、当時まだ日本で唯一のノーベル賞作家であった川端康成の『雪国』である。日本を代表する小説であること、英訳本がペーパーバックで安価に注文できること、大学に字幕付き映画のビデオがあり、小説の舞台と炬燵《こたつ》、三味線などの文化的小道具が視聴覚的にわかってもらえることが主たる理由であった。

では楽しみにしていた読後感はどうか。

多少、予想していたとはいえ、大半の学生にとっては感想を述べることすら難しかったようだ。「だらだらした話で読み進むのが苦痛だ」とか「この結論のない小説はなんだ。パート2があるのか」というコメントもあった。また、「ゲイシャ・ガールは、もっとセックスを楽しんだほうがよい」「アメリカ人なら、冬のバケーションにはスキーをする以外はフロリダなど暖かいビーチに行く。そこからして、この小説はよくわからない」などという意見まであり、苦笑してしまった。

その後、安部公房『砂の女』とか村上春樹、山田詠美、吉本ばなな等の短編を収めた本を渡して感想文を書いてもらったこともある。しかし、彼らが最も不可解としたのは、やはり『雪国』であった。

国境のトンネルを抜けることは誰にでもできる。問題はそれからである。その雪国で展開される男と女の張り詰めた関係、そこに潜む日本的な美意識、それらを受けとめてもらうには、オハイオ州立刑務所の埃まみれの教室は、あまりにも場違いであった。

六、ベトナム戦争体験

わたしの授業に、いつも一番前の席でノートをとる四十代半ばの学生がいた。あるとき、彼がベトナム戦争の退役軍人であり、すでに米兵の大部分が撤退していた戦争末期に、前線の戦闘要員として彼《か》の地に送られたことを知った。

ベトナムを戦ったアメリカ兵には寡黙な者が多い。同じ境遇を味わった者にしか、自らの体験をあえて喋ろうとはしないのである。それを承知で、ベトナムでの体験を皆に話してもらえないか、と丁重に頼んでみた。数回断られた後、学期末近くにようやく承諾してもらった。その戦争を教科書上の知識でしか知らない一九六四年生まれのわたしには、彼の話はあまりにも強烈であった。

まず、刑務所内で聞く殺人の話題にはまったく入っていけない、と彼は始めた。そして、戦場で人を初めて殺すときの精神的苦痛、それが、やがて仕事になり、「楽しみ」にまで変わってしまう恐ろしさ。公式記録で二五七人、実際は四百人以上の生命を奪い、その功績でもらったいくつものメダル。海軍の特殊部隊員としての戦闘体験と二度の負傷。平和を望んでいた現地の村民。戦後十年以上も砲弾やヘリコプターの音の幻聴に悩まされ、ついに自殺した戦友。そして、彼自身にも戦場での悪夢が死ぬまで付きまとうであろうこと……。

これらはその話の一部に過ぎない。教室内に響くのは、とつとつと語る彼の低い声と、わたしがメモ用紙に走り書きするペンの音だけであった。

アメリカの刑務所には、受刑者にも看守にもベトナム戦争体験者が多い。彼らの大半は、当時まだ十代、二十代の貧しい青年であった。そして、地球の裏側のジャングルの中で傷つけ傷つけられ、本国に帰還すると同世代の学生に罵声を浴びせられた。まさに、彼らは、アメリカン・ヒーローになりそこねた者たちなのである。

七、見えない空間

刑務所は一般には「見えない空間」である。それは、塀などによる物理的なものに加えて、見たくないとか、見ようとしない心理的かつ社会的不可視性、さらには、見せようとしない政治的不可視性が複雑に絡み合っているという意味である。

エイズで死んだ現代哲学の泰斗《たいと》ミシェル・フーコーは、二十年前の著書で、監獄、刑務所という社会装置の誕生と変遷そのものが、この監禁的なる近現代社会の成立と密に連動していることを、フランスを例に大胆かつ精緻に描き出した。たしかに近現代史を繙《ひもと》くと、刑務所の名前はしばしば重要な社会変革の場面で登場する。イギリス植民地主義による流刑地としてのアメリカやオーストラリア、フランス革命とバスティーユ、ギャングの暗躍とアルカトラズ、東京裁判とスガモ、南アのアパルトヘイトとロベン、等々。身近な例では、日本の「内なる国際化」の最前線にある府中刑務所を挙げてもよい。

軍都広島、原爆のヒロシマとて刑務所と無縁ではない。第二次大戦中、日本の軍部は「奉公隊」などと称して、広島、岡山など各地で受刑者を近在の造船所に出役させていた。戦局が悪化すると山口、高松などでは刑務所長以下全員が造船所の所在地に移動する「造船刑務所」まで現れた。

南洋にも受刑者は送られた。テニアン島の飛行場建設は、横浜刑務所を所管とした「赤誠隊」約千人の労役によるところが大きい。やがて同島は米軍の手に陥ると、本土爆撃の拠点地となり、原爆を搭載した「エノラ・ゲイ」もここから飛び立った。そして、その原爆によって爆心地から二キロメートルの広島刑務所が被爆したことは言うまでもないだろう。

刑務所という「見えない空間」にも、時代を反映した様々な歴史が刻まれている。

八、どうも　ありがとう

犯罪で病むアメリカには、現在、受刑者百五十万、仮釈放中の者七十万、執行猶予付きの者三百万人がいる。この国の成人人口の三％近くが、何らかの形で司法当局の管理下に置かれている。

このような状況では、どこの州も刑務所不足や予算難という問題を抱えているのは当然である。わたしの大学の刑務所プログラムも、予算減から近く廃止されることになりそうだ。とりわけ今年は選挙の年なので、所内の教育費増は望めそうにない。

この三年間、わたしはアメリカの大学生や、いずれ日本で「帰国子女」（帰国生）などと呼ばれる日本人高校生を教えてもきた。彼らから学んだことは多い。しかし、体験の重みという点では、刑務所の存在が大きかった。

六つの刑務所でわたしの授業を聴講してくれた受講生の大部分は、とても熱心であった。授業中に全員の署名が入った手作りの感謝状を手渡されたこともある。誰も面会人のない学生から、仮釈放前に、彼が描いた絵をもらったこともある。阪神・淡路大震災時には、わたしの家族の無事がわかるまでの数日間、一緒に心配してくれた者もいた。

他方、講義のなかで「光陰矢の如し」などと口をすべらせ、刑務所では最もふさわしくない言葉だと、ひんしゅくをかったこともある。わたしの英語がよくわからないとの不満も多い。失敗は数えきれない。ストレスから心身ともに不調になったこともある。しかし、学生に教えたことより、彼らから教わったことのほうがはるかに多いことだけは間違いない。それが実感としてわかる。

授業の初日、お辞儀をするわたしを見て何をしているのかと笑っていた学生が、最終日に教室から去るとき、ぎこちない礼をしながら真面目な顔で「ドウモ　アリガトウ」と言ってくれる。涙が出そうになる。その言葉を言わなければいけないのは、実はわたしのほうなのだ。

（『中国新聞』文化欄「緑地帯」、一九九六年八月一日―十三日連載）

オハイオ州立刑務所の受刑者と日本

――日米関係の一断章――

筆者は過去三年間、米国オハイオ州の刑務所に「務める」機会があった。勤務するオハイオ大学が州立刑務所に講師を派遣し、資格ある受刑者に大学教育を与えるプログラムに携わっていたからである。大学から依頼され、派遣講師として働くことになった。

数年前に当地へ留学してきたときには、刑務所と関わるなど予期しなかったので、所内では驚きの連続であった。本稿のテーマもそのひとつである。今、改めて日米関係の歴史を考慮すると当然のことと思えるが、働き始めた当初は、この中西部の刑務所内で日本や日米交流を「発見」できるのは意外であった。以下、日本人のわたしが所内で教えるようになった契機も含め、受刑者の日本との関わりや日本への関心などを述べたい。

オハイオ大学の大学院修士課程修了後、わたしは同大学のキャンパスのひとつで日本語を教え始めた。その田舎町に成人男子約二千人を収容する刑務所があった。ある日、所内の大学教育担当職員から、数名の受刑者が日本語の勉強会を作ったので教えに来てもらえないかとの連絡がきた。刑務所で日本語の先生を、という話に戸惑ったが、ちょうど夏休みでもある。彼らが本気でやるのならとの条件で、ひと夏のボランティア仕事として引き受けた。

初日は、暇つぶし組もいてか、三十人近くの受刑者が教室に詰めかけた。しかし、最終日まで残ったのは、自ら教科書を入手して勉強会を発足させた二名を含む八名の熱心な者だけであった。彼らの日本語学習の動機は、日本人と国際文通している、アジアに興味がある、出所後の仕事探しに役立つかもしれない、他の受刑者が知らない言語を習ってみたい等である。今までに日本語とベトナム語を独学してきたという者もいた。

夏が終わると、今度は大学プログラムの正式な講師として来てほしいと頼まれた。そこで、人種や宗教対立が深刻な問題になる場所柄も考慮し、多文化教育の一環として「日本文化」の授業を開くことにする。以降、同施設も含め、軽警備から重警備にわたる六つの成人男子用刑務所へ、がたのきたクライスラーで足繁く通うことになった。

授業は、時間数・単位・試験から学期末の受講生による教員評価まで、大学の規定に従うのが原則である。わたしのクラスの受講生は、十人から多いときで五十人近くであった。年齢は二十代から三十代前半が一番多く、人種的には白人と黒人がほぼ半数。しばしば「アメリカの縮図」と言われるオハイオ州であるが、中西部という地理的条件もあり、ネイティブ・アメリカンやヒスパニック系、アジア系などは少ない。ある刑務所では、外国人受刑者のなかに日本人もいると聞かされたが、結局、出会えずじまいであった。

わたしの授業に登録した動機は、自分の文化的ルーツを理解したいと述べた数名の日系アメリカ人受講生を除けば、自国と異なる国のことを知ってみたいから、というのが大半であった。この点は予想していた通りである。しかし予想外だったのは、日本在住経験者や日本について詳しい者が、思いのほかどの刑務所の教室にも数人いたことである。

日本に住んだことのある受講生は、たいていは軍に関係していた。海兵隊の一員として日本に赴任し、自衛隊との共同演習の思い出を楽しそうに語ってくれた者もいた。また、在日米軍基地で働く両親のもとで幼少期を過ごし、今でも覚えていると、クラスで折鶴を手際よく折って見せてくれた者もいた。日本に短期滞在したという受講生にも出会った。ベトナム戦争時にオキナワに立ち寄った者など、やはり軍人としてである。父親が第二次大戦中に日本人と戦ったという者も何人かいた。日本嫌いの父を持つひとりは、日系の友人を家に招くことができなかった、と小さい頃の体験を話してくれた。

日本に行ったことはないが、当地で日本人とつきあいのあった受講生もいた。オハイオ州にはホンダなど日系の製造業者が多いので、仕事のうえで日本人を知っていたり、日本人をビジネス相手に持っていたという。カジノで働く日本人の名前を教えてもらったこともある。大学生のときにキャンパスで日本人留学生と知り合う機会があった者もいた。アメリカの大学に在籍する日本人学生の数を考えると当然であろうか。高校時代、日本から来た交換留学生と交際していたという受講生は、彼女との写真を得意げに見せてくれた。宗教や音楽雑誌を通して日本人の文通相手を見つけ、手紙をやりとりしている者も数名いた。

日本人とじかに接したことはなくとも、日本文化に関心のある受講生もいる。武道への興味が目立った。長年、空手道場に通っていた者は、教室の出入りの際、いつも「センセイ、シツレイシマス」と日本語で挨拶し、一礼してくれた。「サムライ文化」に惹かれているのは、アメリカでヒットしたテレビ番組「ショーグン」などの影響である。二の腕に漢字で「神風」と入れ墨している者もいた。一度だけ、仏教徒がいたこともある。仏教について皆に何か話してくれないかとその受講生に頼むと、鈴木大拙まで引用し禅について滔々と「講義」をし始めたので、わたしのほうが頭を垂れノートを取るはめになった。

伝統文化に対する知識はなくとも、やはり日本の車やバイク、電化製品の名前は、高品質のイメージとともに広く知れ渡っている。わたしの車が故障して授業に少し遅れたときには、「日本車に乗らないからだ」と教室で皆に皮肉られた。「俺はバイクが好きだ。とくに日本のバイクは最高だ。だから、あんなバイクを作る日本人は優れた民族に違いない」などと単純明快な日本人論を述べてくれる者もいた。日本の漫画やコンピューター・ゲームの類に詳しい受講生がいたのは、アメリカの若者にそれら日本のポピュラー・カルチャーが浸透しつつある証拠であろう。

「自由と平等」「機会と成功」のアメリカは、「暴力と犯罪」の国でもある。そして、刑務所は社会的逸脱者、アメリカン・ヒーローになり損ねた者たちの溜まり場であり、社会の歪みが凝縮されているところである。そのような一般社会と隔絶された場所にも、日本との関わりや日本に関心ある者がおり、わたしのように日本人教員が呼ばれることになる。

日本では、昨年（一九九五年）の沖縄の米兵による少女暴行事件に端を発した日米安保見直し論など、日米関係についての議論が盛んである。好むと好まざるとにかかわらず、今後も日米関係はあらゆる位相で、ときには抜き差しならぬ状況を抱えつつ展開してゆくだろう。それゆえに、日米関係、日米交流などを考える際には、本稿で取り上げたような裏街道?・まで含めた文字通り草の根レベルでの関わりが、もっと意識されてよいのではないか。そして、これはアメリカ側の米日関係論や日本研究にも当てはまることだろう。三年間、オハイオの大学と刑務所で働きながら、そう痛感した。

（天理大学アメリカス学会・会報『The Americas Today』連載の「日米関係の一断章、一―三」の一、同会報十三号、一九九六年十一月）

アメリカ社会を映す鏡
――ダニエル・キイス『クローディアの告白』を手がかりに――

「犯罪は社会を映す鏡」と言われる。たしかに、犯罪には社会の諸相が反映している場合が多い。犯罪の背景にその社会の病理を窺い知ることができる。ここでわたしが犯罪に触まれるアメリカ社会を描いた書物として取り上げるのは、日本でも多くの愛読者がいるダニエル・キイスの『クローディアの告白――ある分裂病患者の謎』（秋津知子訳、早川書房、一九九五年刊）である。原書は、Daniel Keyes, *Unveiling Claudia: A True Story of Serial Murder*（クローディアのヴェールを剝ぐ――連続殺人事件の真相）として、Bantam Books より一九八六年に刊行されたノンフィクションである。日本では彼の翻訳作品のほとんどがベストセラーになっており、本書も訳書刊行後僅かな期間で多くの読者を得ている。

著者キイスについては、ここで詳しく説明する必要はないだろう。現在、世界でもっとも熱心に彼の作品が読まれている国が日本という印象もある。九二年のキイス来日時の様子も含めた『ダニエル・キイス読本』（早川書房、一九九五年刊）まで出版されている。

作家としての彼の名を一躍有名にしたのは、知能指数の低い男性チャーリイを主人公とした『アルジャーノンに花束を』（原書中篇一九五九年刊、長篇一九六六年刊、翻訳書はそれぞれ早川書房、一九九三年刊、一九八九年刊）である。世界的なベストセラーになったこの小説はアメリカで今もなお版を重ね、アメリカ現代文学の「古典」のひとつと言われている。

同書を原作とした映画『チャーリイ』は一九六八年度アカデミー主演男優賞を受け、戯曲化作品が各国の舞台で演じられてきた。ノンフィクションでは、「多重人格者」（解離性同一性障害）を扱って多大な反響を呼んだ『24人のビリー・ミリガン』（原書一九八一年刊、翻訳は早川書房、一九九二年刊）がある。その続編は原書未刊であるが、邦訳『ビリー・ミリガンと23の棺』は一九九四年に早川書房より先行出版されている。ハリウッドでは『24人のビリー・ミリガン』を題材にした映画『混み合った部屋』（*The Crowded Room*）が、十年近くの紆余曲折を経てようやく具体化してきている。アメリカでは、ミリガン本の続編は映画完成に合わせて出版されるという。キイスは近年までオハイオ大学の英語科の教授であったが、現在はフルタイムの作家としてフロリダ在住である。

大学で心理学を専攻したキイスが作品のなかで追求し続けているテーマは、人間心理の謎、心の闇の領域である。『クローディアの告白』もその範疇から洩れない。小説『アルジャーノンに花束を』が人間の心理や知能の問題を科学技術の発展と絡ませて描いたものとするなら、本書はノンフィクションであるミリガンものと同じく、精神の病いを社会の病理との関わりで描いたものと捉えることができる。もっとも、この本の与えた社会的衝撃度や作品の面白味は、ミリガンものに比べるといくぶん見劣りするが、ノンフィクションとしての事実の重みとか、そこに描かれた状況や人物像は、わたしのようなアメリカ在住者には決して例外的なものでないことを、ひしひしと感じさせてくれる内容である。

『クローディアの告白』は、まず著者がクローディアという若い女性の訪問を受けたところから始まる。四年前に彼女が巻き込まれた事件の真相を語るから、それを本にしてほしいと依頼されるのである。二部構成の本書の第一部「クローディアと二二口径殺人事件」では、一九七八年にオハイオの州都コロンバスで起きた連続殺人事件の経過と、精神に病を持つクローディアによる犯行の「自供」、逮捕、告訴取り下げ、釈放、そして真犯人の逮捕劇が再構成される。しかしながら、犯人しか知るはずのない現場の状況を、クローディアがなぜ詳細に知っていたかは、警察にも謎のまま残されていた。第二部「クローディアのヴェールを剝ぐ」は、そのタイトルが本の原題となっていることからもわかるように、本書の主題となる部分である。二年以上もの間、著者キイスが統合失調病の病歴を持つクローディアの現実と空想の間を行き交う「告白」に悩まされながらも、何重ものヴェールの奥に見え隠れする彼女の記憶の断片を探り当て、繋ぎ合わせてゆく過程が記される。そして、幼い頃の家庭環境、同性愛、レイプ被害体験などに始まるクローディアの複雑な遍歴とともに、最終的には、警察も知らなかった事件の背後関係や彼女と事件の結びつきが明らかにされていく。

本書のテーマは殺人事件にまつわる事実の解明にあるのではないが、刊行当時、エドガー・アラン・ポー賞の実話部門にノミネートされるなど実際の犯罪を扱った作品としても高い評価を受けている。大学教授という肩書きを持つ著者が、普段は馴染みのない「裏の世界」に足を踏み入れ、そこに生きる人びとにインタビューを試みる。その苦労やフラストレーションが伝わってくるところが、この作品の醍醐味だという評価もあった。以前、近くの公共図書館から原書を借り出して初めて読んだとき、わたしもその点について強烈な印象を受けた。キイス自身も出版直後の新聞社のインタビューに、本書を書く過程で引きずり込まれていったのは、それまでまったく知らなかった世界だった、と語っている。

多少ドラマチックな要素が加味されているとはいえ、本書に犯罪実話ものにありがちな誇張や感情に流されたうわついた表現がなく、優れたノンフィクションになっている背景には、彼一流の文章構成力と簡潔な文体がある。もちろん、綿密な取材と膨大な資料の分析がはじめにあったことは、謝辞の部分でも知ることができる。

かつてキイスと話をする機会があったおり、わたしはこの作品に対する本人の満足度は、と聞いてみた。すると「作家としてのわたしは、決して自分の作品に満足することはない。それはこの本についても同じである」という答えが返ってきた。しかし、本書の性格上、プライバシーに関わる情報や公にできない事柄もあり、素材の選択に際しても相当の苦労があったという。言及したくともできなかった部分があることは、彼の口ぶりからも窺えた。とはいえ、「クローディアについては真実を明らかにできたと思っている」と語った。

クローディアの謎の核心に迫ることができたのは、彼女の語るしばしば筋の通らない話を、書くに値する結論が出るかどうかわからない状況で、忍耐強く聞き続けたキイスの態度によるところが大きい。そして、彼女に対する温かい眼差しは、複雑にもつれた彼女の記憶の糸をほぐすだけなく、日本のマスコミなどでもしばしば聞かれるようになったPTSD（心的外傷後ストレス障害）といった彼女の心の病をも、少しずつ癒してゆくのである。

そこに読み手は一種の救済すら覚える。

一方、クローディアの過去と彼女が巻き込まれた事件については、その事実関係を明らかにすべく、著者はつねに感情を抑え、冷徹な視線を失わない。その結果、クローディアが送ってきた生活と彼女を取り巻いてきた社会、とりわけ犯罪で「病むアメリカ」の一面がいきいきと描き出されることとなった。

本書では、家庭崩壊、合法・非合法を問わず簡単に手に入る銃、路上で公然と売買されるドラッグ、セックス産業、いかがわしい宗教団体などが引き起こす社会問題や、それらにまつわる犯罪が取り上げられている。さらに、『プレイボーイ』誌専属探偵なども登場するマスコミの事件に対する大騒ぎ、事件の処理をめぐる警察・検察、被疑者・被告人、弁護士の三角関係内で生じる政治的駆け引きや、弁護士の筋書きによる意図的な逮捕劇など、アメリカの司法制度が抱える問題も扱われている。（そこに人種問題が絡むとどういう展開になるか、極端な例は昨年（一九九五年）のO・J・シンプソンの「世紀の裁判」騒動であった。）

キイスが本書で描いたクローディアの心の病の背景には、たしかに複雑な要素があった。しかし、彼女を取り巻いていたアメリカ社会の病巣は、二十年前の当時でも決して稀有な例ではなかった。現状についてはいうまでもないだろう。

自由と民主主義を標榜する国、魅力的なアメリカはもちろん存在する。しかし、その一方でこの国は暴力と犯罪に蝕まれてもいる。アメリカ社会の光と影、当地で生活していると日々それを実感しないではおれない。本書の舞台となった、そして現在わたしの住むコロンバスでも、治安に対する市民の不安は大きい。当地の犯罪発生率は必ずしも年々増え続けているわけではないのだが、どこでも誰でも犯罪に巻き込まれる可能性がある「犯罪の無差別性」が広がっていることがよく話題にされる。（わたし自身、以前住んでいたランカスターという田舎町で、一度、泥棒に入られたことがある。）

数か月前、コロンバスの市長は予算に関する会見で、「市民の一番の関心は治安であり、予算編成の最重要課題でもある」と述べ、警察官の増員を約束している。しかし、事の解決がそう簡単でないのは明らかである。先日も、コロンバス市の中心街にあり、本書にも登場するフランクリン郡裁判所の建物の中で警備員の女性が夜間にレイプされ、場所が場所だけに大騒ぎになった。数日後、近くのホームレス・シェルターで三十二歳の男性が逮捕され事件は解決したが、この事件の背後には、膨大な案件をさばくため裁判所を夜間も開けざるをえないという皮肉な事情があることも指摘されている。

犯罪で「病むアメリカ」が人の心の病を生み、それがまた犯罪へと展開してゆく。社会の病理とそこに生きる人間心理の病理の繋がり——両者が不可分で、かつ悪循環に陥っているところに、そして、それがあまりに日常化されつつあるところに、現代アメリカの悲劇がある。『クローディアの告白』では、キイスの綿密な取材と筆力により、ひとりの女性の心の謎の解明とともに、そのような悪循環に悩むアメリカ社会の断片が見事に描かれている。ひとりの若くて魅力的な外見を持つ女性クローディアの心に、「病むアメリカ」の投影がある。

本書「エピローグ」後のクローディアの消息について、簡単に記しておきたい。一時期、彼女は宗教家として州立刑務所で受刑者の相談相手をしていたこともある。彼女の弁護士との結婚生活は長続きしなかったようだ。単身オハイオを離れ、今はある州で、新たな名前で新しい生活を送っているそうである。プライバシーに関することなので詳しく詮索すべきではないだろう。キイス氏も詳細は知らないという。

最後に、本書をはじめ彼の作品に魅了されている日本の読者について、キイス自身がわたしに語ってくれた言葉を引用しておきたい。

日本の読者の多くは、とても読みが深いように思う。わたしの作品についても表層だけでなく、その下にあるものを読み取ってくれる。人間の心の動き、自己と集団という関係の場で生じる激しい葛藤、十字砲火《クロス・ファイアー》を日本の読者は見事に読みこなしてくれる。その理由のひとつは、日本的な文化・社会状況のなかで、日本人が自己と集団という問題につねに密接に関わっているからだろう。

その言葉を聞きつつ、日本の学校や官庁・会社組織に代表される集団志向的な日本の社会に、わたしは思いを馳せていた。それと同時に、近年そこにあらわになってきた制度疲労やほころび、そして阪神・淡路大震災からオウム事件、増加する銃犯罪、沖縄の少女暴行事件などに揺れたここ一年の日本のことをも連想させられた。日本の経済的繁栄や日本の社会は安全という「神話」は、あらゆるところで崩壊しつつある。心の病を題材にしつつ、人間性に対する信頼を失わないように努めるキイスの作品が日本人に、とりわけ不安を予感する若者たちに支持されている点に、現代日本の社会状況が見て取れる。

（本稿は一九九六年執筆の未発表原稿である。なお、ダニエル・キイスは二〇一四年に八六歳で亡くなった）

あとがき（初版）

刑務所という〈書く〉作業に不適な環境のなかで、そして〈書く〉ことがときには危険な行為とみなされる場所で、自らの存在を確かめるために、そして、生きるため、生きのびるために書かれた文章は重い――それが今のわたしの実感である。

本書を編んだ動機は「まえがき」で述べた通りであるが、こんな小著でも、お世話になった人たちに多少なりとも応える内容になっているであろうか。アメリカの刑務所に囚われている人びとの、所外には「聞こえない」切なる声が少しでも伝わったであろうか。私的には、本書をまとめる作業を通じて、わたし自身の体験をいくらかでも整理したいという気持ちがあった。わたしの勤めるオハイオ大学の刑務所プログラムが、予算減から一九九六年の春学期をもって通信教育部を除いて閉鎖されることとなった。それを機に、わたしは大学での教職も辞し、昨年の春に帰国した。そして日本の大学院に編入学し、現在、アメリカの刑務所とは無縁の環境で、新たな課題に取り組んでいるという事情もある。

もちろん体験の整理など容易なことではない。いまだにわたしのなかで「消化不良」のままの体験も少なくない。短い期間ではあったが、わたし自身がストレスのためカウンセラーを必要とする状態にも陥ったとあれば、なおさらのことであろう。体験を表現しようと思い索《もと》めるほど、特定の言葉や意見に収斂《しゅうれん》せず、結局は沈黙せざるをえないこともある。馴れがゆえに見えなくなってしまったこと、感じなくなってしまったこともあろう。時間の経過とともに、忘却へと押しやられるものもあるだろう。

芝生の緑や紅葉に彩られる大学キャンパスと、くすんだ舎房が無機質に建ち並ぶ刑務所との落差を感じつつ、毎日のように車を二〇〇キロ近くも走らせていたことを、今でも鮮明に思い出す。塀もフェンスもない開放的な大学構内から、何度か電気仕掛けの金属扉をくぐらねばならない閉鎖的な施設に赴くときの不思議な心持ちを。そして所内ではわたし自身も行動の自由が制限され、重警備施設では、建物間を移動するのにさえ「エスコート」という名のもと、わたしに屈強な看守の護衛がついたことを。しかしながら、いったん教室に入れば、そこにはもはや監視用カメラも見張りもない、教員としてのわたしに与えられた小さな、しかし自由な空間であったことを。

オハイオでのわたしの生活と刑務所勤めを可能にしてくれたのは、多くの人びとの支援や協力によるところが大きい。七年近くのオハイオ在住中、ここに記すことのできないほど多数の人たちに助けられた。オハイオ大学とその分校（とりわけランカスター校、ゼーンズヴィル校）、六つの州立刑務所（オハイオ南東刑務所、ピカウェイ刑務所、オリエント刑務所、ロス刑務所、チリコシー刑務所、受刑者レセプション・センター）、コロンバス日本語補習校などでの先生、職員の方々、学生・生徒たちにである。

本書の具体的な作成過程においては、とくに以下の人の名前を挙げなければならない。オハイオ大学でわたしを刑務所の仕事に引っぱり込み、自身は早々に所外どころか州外へ出ていってしまった現・センター・カレッジのリチャード・ブラッドショー氏。彼は滞米中、わたしの兄のような存在であり、本書の編集作業をつねに励まし援助し続けてくれた。オハイオ大学・刑務所プログラムの同僚であったトマス・スティーブンソン氏、同コーディネーターのジェイン・ブルック氏には、資料入手から原文の誤記や誤綴の確認、翻訳に関わる問題で非常にお世話になった。京都大学総合人間学部および大学院人間・環境学研究科のエンゲルベルト・ヨリッセン先生には助言と励ましのうえに、本書編集のための自由な時間を与えていただいた。国文社の前島哲氏には本書出版の機会とともに編集上のアドバイスをいただいた。文学を中心にアメリカの黒人研究に半世紀近く携わってきた父・

古川博巳には、訳詩の表現等で助力を得た。ここに記して感謝します。

最後に、昭和初年に生まれ、激動の時代の日本で戦前・戦中・戦後を生き抜いてきた両親と、そして何よりも、わたしの授業に耳を傾けてくれたオハイオの刑務所の学生たちに、心から「ありがとう」を。

一九九八年八月六日

古川 哲史

増補篇

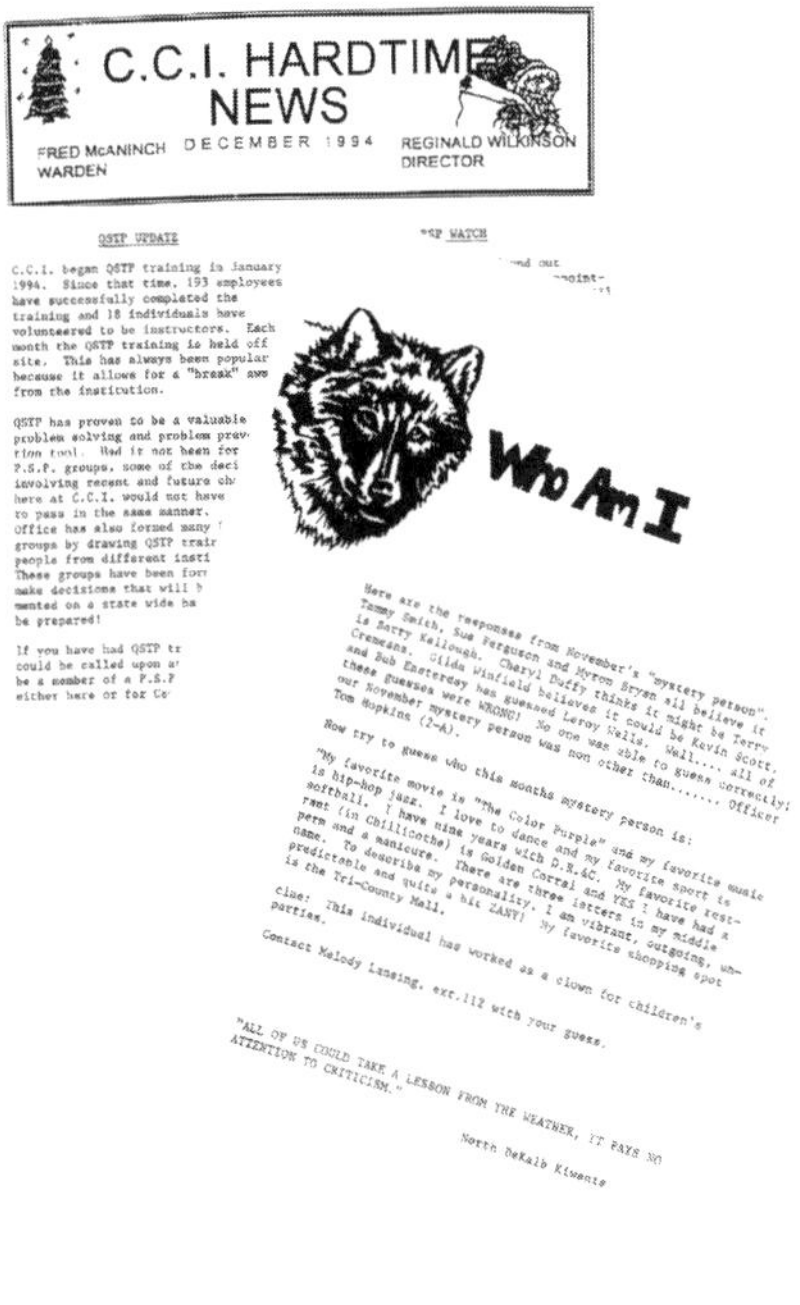
C.C.I. HARDTIME NEWS

FRED McANINCH
WARDEN

DECEMBER 1994

REGINALD WILKINSON
DIRECTOR

QSTP UPDATE

C.C.I. began QSTP training in January 1994. Since that time, 193 employees have successfully completed the training and 18 individuals have volunteered to be instructors. Each month the QSTP training is held off site. This has always been popular because it allows for a "break" aw from the institution.

QSTP has proven to be a valuable problem solving and problem prev tion tool. Had it not been for P.S.P. groups, some of the deci involving recent and future ch here at C.C.I. would not have to pass in the same manner. Office has also formed many groups by drawing QSTP trair people from different insti These groups have been for make decisions that will b mented on a state wide ba be prepared!

If you have had QSTP tr could be called upon a be a member of a P.S.P either here or for Ce

SP WATCH

Who Am I

Here are the responses from November's "mystery person". Tammy Smith, Sue Ferguson and Myron Bryan all believe it is Barry Kellough. Cheryl Duffy thinks it might be Terry Cremeans. Gilda Winfield believes it could be Kevin Scott, and Bob Easterday has guessed Leroy Wells. Well.... all of these guesses were WRONG! No one was able to guess correctly; our November mystery person was non other than....... Officer Tom Hopkins (2-A).

Now try to guess who this months mystery person is:

"My favorite movie is "The Color Purple" and my favorite music is hip-hop jazz. I love to dance and my favorite sport is softball. I have nine years with D.R.&C. My favorite restrant (in Chillicothe) is Golden Corral and YES I have had a perm and a manicure. There are three letters in my middle name. To describe my personality, I am vibrant, outgoing, unpredictable and quite a bit ZANY! My favorite shopping spot is the Tri-County Mall.

Clue: This individual has worked as a clown for children's parties.

Contact Melody Lansing, ext.112 with your guess.

"ALL OF US COULD TAKE A LESSON FROM THE WEATHER, IT PAYS NO ATTENTION TO CRITICISM."

North DeKalb Kiwanis

「刑務所」というところ

――ぼくらが生きる社会の表象――

何度目かの学生生活を京都で送るようになって一年余りが過ぎた。それまでは、ぼくはアメリカのオハイオ州に七年近く住んでいた。そして、その後半の三年ほどは、州内のいくつかの刑務所で過ごした。ただし、ぼくはそこの受刑者であったわけではない。正確に言うと、教員として刑務所に「務め」ていたのである。

アメリカの刑務所という場所を、あるいはそこにいる受刑者の様子を手短かに語ることは難しい。が、ここでは受刑者の手によるひとつの文章を紹介したいと思う。スペースの都合で部分的に割愛したが、それは、ぼくが教えていた刑務所の中で、受刑者自身によって執筆・編集・発行された小冊子に掲載されたものである。

ぼくの心を動かしたものが何であれ、まずは、ひとりの受刑者の〈生の声〉である次の一文（拙訳）を読んでいただけたらと思う。

「刑務所というところ」

匿名

手紙を書こうとして、書くことが何も思いつかないところ。少しずつ手紙を書く回数が減り、やがて書くのを止めてしまうところ。

まるで砂漠の真ん中にオアシスを見るかのように、手紙の知らせを楽しみに待つところ。自分宛の手紙がないと、まるでそのオアシスが干凅《ひから》びてしまったように思えるところ。そして外の世界に住む人からの便りを待ち焦がれつつ、彼らにも時間という砂漠の砂が降りかかっているのだ、と知るところ。

頭に白髪《しらが》を見つけるところ。望みや信条が消え失せるように、髪の毛が抜け始めるのを見つけるところ。

入れ歯が必要となり、眼鏡の度が以前よりもすすみ、かつてない痛みや苦しみを、とりわけ心に感じるところ。齢《よわい》を重ねつつ、それをまた心配するところ。

友の離婚話を聞かされ、彼が結婚したことさえ知らなかったと気づくところ。

裁判所からの一通の知らせで、自分自身の離婚を知るところ。

……（中略・以下同じ）……

友情というものに深みがなく、そこには警戒心が張り巡らされ、それを自らもよくわかっているところ。

人間味ある手触りを感じることなく、何年も過ごせるところ。そして優しい言葉を耳にすることなく、何か月も過ごせるところ。

誰も自分を必要とせず、自分なしでも外の世界や生活は成り立つのだと知るところ。

…………

いつなん時にも最悪の事態が待ち構えていると思えるところ。そして、その怖れが気力を挫き、心を締めつけ、どんな微笑み、笑い、信念にも翳《かげ》りを落としてしまうところ。

約束の面会を待ちわびるところ。その人たちが現れないと、車の事故か病気かと心配になるところ。そして、その理由がたいしたことでないと知って安堵し、そして彼らがその程度の事で自分に会いに来てくれなかったことに、気を落とすところ。

…………


神は汝を救いたまう、と言われるところ。しかし、いかにして、何ゆえに、神はわたしをこの場所に至らしめたかと問うと、答えが返ってこないところ。

タフに演じることが、教義であるところ。

タフな奴らが、夜の暗闇に紛れて枕をきつく握りしめ、さめざめと涙を流すところ。


…………


疲れを覚える前にベッドに入り、寒くもないのに頭まで毛布をすっぽり被るところ。

読書やトランプ、あらゆる賭けごとに、現実から逃れようとするところ。夢から覚めると痛みは以前よりも増し、我慢しづらくなるのを十分知りつつ、夢の中へと彷徨《さまよ》いこむところ。

いつの日か——出て行けるところ。そして、そのとき思うだろう、自分がこんなに興奮しているのに、他の奴らはどうしてそんなに冷めていられるのかと。
そうなのだ、刑務所というところは――

ぼくは所内でこの文章を初めて読んだとき、強く心を動かされた。そこには、洋の東西を問わず、刑務所という閉鎖的な空間に囚われた人間の心情がよく表わされていると思った。そして、ひとり異国で生きている身であるがゆえ、共感できる部分も少なくなかった。さらには、その内容が刑務所という場所に限らず、ぼくが、ぼくたちが生きている日々の生活にも当てはまる要素をもっていることを感じないではいられなかった。

ぼくたちの日常世界もまた、なんと機械的な時間に縛られ、人為的な境界に拘束され、人間関係もが様々な肩書きや規則、番号に支配されていることか。まさにぼくたちのいる現代社会そのものが、ひとつの監禁的なる空間とさえ言えよう。

アメリカの刑務所で、ぼくは現代社会の心象風景をまざまざと見た思いがした。

（『うみやまそう紙』第四号、京都・吉田山、酒場・白樺、一九九八年）

社会を映す鏡としての犯罪

「犯罪は社会を映す鏡」と言われることがある。たしかに、犯罪には社会の諸相が反映している場合が多い。犯罪の背景に、その時代と社会の病理を窺い知ることができる。

ここ一年ほど、日本では耐震強度の偽装やホテルの不正改造という建築関係の事件、IT企業、インターネット絡みの犯罪が新聞紙上を賑わした。登下校中あるいは学校や学習塾内で起きた事件も含め、幼児や児童が被害者となる犯罪も相次いだ。加害者の低年齢化の一方で、高齢者による犯罪増加も問題化した。そうした犯罪の背後には、利益や効率を求め続けてきた戦後日本の資本主義の論理や、日本社会は世界一安全という「神話」が、様々な角度から崩壊しつつある状況が見て取れよう。

事故として扱われてはいるが、昨年（二〇〇五年）四月に尼崎市で起きたJRの快速電車脱線による大惨事にも、同様のことが象徴的に言える。過密ダイヤ路線で一分の遅れを取り戻そうと速度超過で走行した結果、線路のカーブを曲がりきれず、一〇七人が命を落とすることになった。「企業犯罪」という声もあがったこの事故は、安全であるべき公共交通機関に潜む危険性をあらわにした。

もちろん、わたしたち大学人とて犯罪とは無縁ではない。教職員や学生が関わる事件もあった。加害者にもなれば、被害者にもなっている。開放的なことを是とする大学キャンパスが、今後、大事件の舞台にならないとも限らない。自由な精神を持って学び、問いかける場に、金属探知機や監視カメラ、電気仕掛けの重たい扉は似合わない。そうした管理機器を必要とするような悲しむべき事態は避けたい。

以前、わたしはアメリカ中西部のオハイオ州の田舎町に数年住んでいたことがある。渡米前は、危険なのはドラッグや銃が蔓延する都会であって、田舎は比較的安全だと思っていた。ところが当時、その町で言われていたことは、どこでも誰でも犯罪に巻き込まれる可能性がある「犯罪の無差別性」の広がりであった。実際、わたしも一度、留守中に泥棒に入られてしまった。盗まれたのは安価なビデオデッキだけであったが、精神的ショックは思いのほか大きかった。「自由と平等」「機会と成功」のアメリカは、一方で「暴力と犯罪」の国であることを再認識させられたのであった。（泥棒に入られた時間、わたしは近くの刑務所で教員として受刑者と接していた。皮肉な話である。）

日米を問わず、犯罪に病む社会は、そこに生きる人の心に病をもたらす。そして、その病んだ心がまた犯罪へと展開している。社会の病理と人間心理の病理が密接に繋がり、かつ悪循環に陥っているところに、それがあまりに日常化されつつあるところに、現代社会の悲劇があるのではないか。

わたしが大学生のとき、指導教員であった哲学の先生が「悪の哲学」と題された講義のなかで、「善も進歩すれば、悪も進歩する」という言葉を繰り返し述べられていたことを思い出す。人間も社会も、単純に悪から善へ、無智から叡智へ、未開から文明へと直線的に発展してゆくのではないという。マスメディアでは、新たな種類の犯罪が登場するたびに、評論家によって安全対策が論じられ、具体的な防犯の術などが紹介されるが、表面的に対応するだけでは不十分であろう。犯罪の社会的背景とともに、犯罪行為の主体である人間の心理を理解する必要がある。

犯罪が社会の病理を映す、あるいはそこに生きる人びとの心の病を映すのなら、わたしたちは、日々見聞きする犯罪の事例を通して、もう一度、人間の心の翳りへと、人間存在の闇へと想いを馳せねばならない。

(『大谷大学広報』第一六六号、大谷大学、二〇〇六年四月)

二十五年という時を経て想う
――増補版に寄せて――

「アメリカの刑務所からの生の声――受刑者によるエッセイと詩、所内で教えた日本人講師の異色の体験談と社会論」――これが「刑務所文学・文化」を意識した初版本（一九九八年）の帯に印刷されていた文章である。編者が三十三歳の時であった。当時は、オハイオ州の刑務所教育費削減により教員の職を解かれ、外国人労働者としての滞在資格も切れて、日本に帰国し再度、大学院生をしていた。それから長い間、本書は品切れ状態であり、思想や文学を中心に小規模だが地道に綺麗な本作りをしていた出版社自体が廃業してしまった。それが今回、二十五年という時を経て別の出版社から「増補版」を出していただく機会に恵まれた。初版本では紙幅の関係で少なかった編者や看守の〈声〉なども、もう少し入れることはできないかという。ありがたい限りである。

ただし、あくまで「増補版」なので、初版本の部分は、装丁と本文のいくつかの表現を少しだけ修正し、一部の漢字にルビを加えただけである。受刑者のエッセイや詩の訳など今なら別の言葉を使いたいところもあるが、当時の時代状況や受刑者の表情を思い浮かべながら訳したので、原則そのままにしておいた。また、当時教えた受刑者のその他かなりの作品、Ⅲ部で言及したベトナム戦争時の海軍特殊部隊員へのインタビュー原稿、所内では禁止されていた（しかし頻繁に見かけた）元・受刑者らによって編集されていた雑誌『プリズン・ライフ』（*Prison Life*）の大半、「リーバイスを盗んだのではない」とのコピーで始まったオレゴンの州立刑務所で作られたジーンズの「プリズン・ブルーズ」（Prison Blues）の初期モデルの現物など多くの関連資料は、度重なる、ときに国境を越える引っ越しや諸事情で、かなり散逸してしまった。

刑務所体験に関しては、あまりに多くの事柄がありすぎて、あるいは思い出すとストレスになるゆえか、時間の経過とともに忘れてしまったことも多々あるだろう。したがって、本書の最後では、今もまだ鮮明に覚えている当時の出来事や、手元に残された日記やメモの一部、受刑者による所内のニューズレター、そして四半世紀後の現在における想いなどから——初版本の増補版ということは意識しつつも——あえて見出しなどで内容を区切らず、ときに話題が少しそれるかもしれないが、いくつかの話を思いのまま語ってみたい。わたしは本年に還暦、数年後には大学での定年も迎えるので、若干早いとも思うが（明日、大規模な自然災害や戦争などが起こってもおかしくない世の中なので）、若い世代への、あるいは学生たちへの「語り継ぎ」ということも、少しは意識に入っている。

一九九〇年代半ば、アメリカ中西部オハイオ州の六つの刑務所で、最初はボランティア教員として数か月、後に正式な刑務所教育プログラム（多人種・民族・文化教育）の教員として、三年間、文字通り毎日のように車で走り回った。最初はまだ二十歳代末の青年であった。初めは留学生として渡米し、英語学校に入学したが、格差大国アメリカを知るには、大学という「光」の場所だけを体験して日本に帰国するのではなく、「影」の部分もぜひ見つめてみたいという思いがあった。アメリカの手厚い留学生受入れ制度をはじめ、対日・対世界文化戦略への対抗的意識も少しあった。

わたしは刑務所の軽警備施設（ミニマム・セキュリティ・プリズン）や中警備施設（ミディアム・セキュリティ・プリズン）では、教員としてかなり自由に所内を歩き回ることができ、ときどき、その他の閉鎖施設を見学させてもらうことができた。重警備施設（マキシマム・セキュリティ・プリズン）では安全のためという理由で建物間の移動に看守（刑務官、矯正職員）の「エスコート」がついた。いずれの場所でも建物の入口には看守がいたが、教室内は教育の本質という点から、看守もいなければ監視カメラなどもない。超重警備施設（スーパー・マキシマム・プリズン）は、受刑者には舎房（セル、prison cell）外での一日一時間の運動時間しか与えられないなど、教育そのものを提供する環境になく、わたしは訪れることはなかった。

一度、女性の刑務所でも教えたいと言うと、州の刑務所当局から「お前みたいな若造は受刑者からの性的なアプローチの餌食になり、とんでもないことになる」「彼女たちを甘く見るな。結局、お前があっという間に囚人になる」とあっさり断られ、当時まだ若かったわたしは本当に一言も反論ができず、女性の施設に通うことはなかった。なお、施設の警備の度合いと犯罪の種類は必ずしも一致しない。たとえば、中警備施設にいても仮釈放が近づくと軽警備施設に送られる。施設間での受刑者の移動も少なくない。アメリカには刑務所内での教育方法や教員体験の類の本もあったが、ほとんどが表面的あるいは学術的すぎて、あるいはアメリカ人を念頭に置いたもので、わたしにはほとんど役に立たなかった。

州立刑務所での授業許可は、すでに州立大学で教えていたこともあってか、外国人という点は問題にならず比較的簡単に下りた。（ＦＢＩなどのチェックが裏であったのかもしれないが。）しかし、シンシナティの入国管理事務所では、当時は飛行場などの入国管理施設でもまだなかった指紋押捺の制度があった。ここで担当官ともめても数日後からの仕事に差し支えるので黙って従ったが、アメリカで指紋押捺というのは初体験であった。そして、刑務所ごとに身分証を作る際は、ある刑務所では受刑者用のマグショット箱に入れられ、書類作成では生まれて初めてお前の眼の色はと聞かれ、戸惑いつつ「ブラック」と答えると「ブラウン」に修正されたことを覚えている。別の刑務所では初日に、「何があっても州当局を訴えない」という書類にサインを求められ、文字通り一筆の重みを感じさせられた。そしてアメリカが訴訟の国であることを再認識させられた。給与は低かったが、危険手当のようなものが少額ついていた。

初版本ではほとんど言及できなかったが、刑務所に「囚われし者たち」であったのは受刑者とわたしだけではなかった。看守（通常、CO＝Correctional Officer と呼ばれる）もまたある意味、刑務所に囚われていた。アメリカの看守は、一般に給料は安く、労働条件は厳しく、都会の刑務所以外はその立地ゆえ田舎町出身の者が多い。オハイオでは男性の刑務所に女性看守も相当数いた。一時期、オハイオ大学と刑務所の両方で教えていたが、大学なら車を駐車場に止めて建物に入り、チャイムが鳴る前に教室に向かえば済む。しかし、刑務所では不測の事態に備えて早めに到着し、やたら広い駐車場を横切り、正門（ときにコンクリート塀、多くはフェンス）上方に取り付けてある監視カメラに向かって来訪を示さねばならない。しかし、いくら手を振れども守衛所の看守が気づいてくれない場合や、意図的に無視されると、ひたすら立ち続けることになる。門が開かないのである。看守との信頼関係を築かないと、授業どころか教室にさえたどり着けない。

さらに、所内に入ると、まず金属探知機をくぐり、服の上から身体検査そして荷物の検査を受ける。これがまたときに問題を起こす。ある刑務所では授業で川端康成の『雪国』（*Snow Country*）のペーパーバック版を教科書のひとつに指定していたこともあり、事前に原作にもとづく映画『雪国』（英語字幕付きビデオ）を持ち込む許可を得ていたが、検査場でこれは何だとなるともはや内容をその場で証明できない。そのときは、最終的に通してくれたが、荷物検査は何かと厄介な事態を生む。看守によっては教員の荷物検査が緩く、たまたま一般面会人の長い列などがあると、ほとんど検査をされないこともあった。ゆえに、ある刑務所ではひとりの教員が「親しくなった」受刑者に何らかの弱みでも握られたのであろう、その教員がドラッグの運び屋をしていることが発覚し逮捕されてしまった。刑務所で「馴れ」は禁物である。わたしは自ら荷物を全部見てもらうようにしていたが、施設を出るときはどうしても安易に扱われて困った。

一方で、看守たちの一般面会人への対応が大変であることも明らかだった。教員や牧師とは異なり面会人への荷物検査は厳しく、当然、本人の持病薬やリップ・スティックなども検査の対象となる。開放的な面会室だとドラッグなど様々な禁制品のやりとりが口移しなどで容易に起こるので、それらへの注視も怠るわけにはいかない。丈夫なコンドームに薬物を入れ、それを面会者がキスをしながら受刑者の口に移し、その後、受刑者が排泄物として取り出すこともある。さすがに面会人を裸にして、「まず口を開け、舌を出し、向こうを向いてしゃがんで、股を開いて、咳をして」などと受刑者のように扱うわけにはいかない。赤ちゃんや子どもを抱っこさせ禁制品を渡す方法もある。その場合、そうした体験を持ちながら育っていく子どもたちが、いずれ日本や世界に多大な影響を及ぼすアメリカという国の将来を担う人物になると思うと気が滅入る。きっと軍隊に入って軍人として世界中に散らばっていく者もいるだろう。世界は、世界史はこんな形でも繋がっている。

当時は都会でも田舎でも、ストリートで大麻とクラック・コカインが流行しており、当然、所内にも持ち込まれていた。その後、スピードやクリスタルと呼ばれる覚醒剤も増えたと聞く。大麻に関しては、一時期わたしが住んでいたランカスターという寂れた田舎町で、近所の家の主婦が地下室で電気をつけて大量栽培していたことがある。電気代の尋常でない額に気づいた電気会社が不信感を抱いて警察に通報し、その主婦は現行犯逮捕された。それほど大麻は身近にあった。なお、わたしが一軒家の一室を間借りしていた家は、ダニエル・キイスが描いた「多重人格」(解離性同一性障害)者として話題となったビリー・ミリガンの実家から数ブロック離れたところにあった。

わたしの場合、刑務所入口での荷物検査が済むと、看守たちに電気仕掛けの重たい扉を何度か開けてもらい、背中でドアの閉まる鈍い音を聞きつつ、できるだけ誰かに話しかけられないよう立ち止まらずに歩く。そうして、ようやくひとりグランドに出る。ハリウッド映画は誇張が多いが、刑務所に関してはわりと実態に即していると思わされる光景である。塀や有刺鉄線のフェンスに囲まれ、受刑者がグランドにいないときは、巨大で無機質な空間である。人がいないとまったく文化の香りがしない。一方で、受刑者がグランドに出ているときは、カラフルかつ賑やかである。わたしが教室のある棟へ歩いていると、前を横切る受刑者がヒップホップを歌っている。当時はまだ2パック(tupac)が生きていた「ギャングスタラップ」の時代である。さらには、バスケットボールに歓声を上げている者や、ひたすらランニングをしている受刑者もいれば、はるか向こうの隅でとんでもなく大きなダンベルを上げている者もいる。男性の刑務所は「力」の誇示が重要である。そして、涙は禁物である。ちなみに、わたしが通ったのは現代的な施設がほとんどで、フランスの哲学者ミシェル・フーコーが監獄・刑務所と近代性を鮮やかに論じた、パリで見たサンテ刑務所のようなパノプティコン様式の施設で働く機会はなかった。

雨が降ると最悪である。わたしは傘を持たないので、教科書や書類が濡れないようにそれらを胸に抱いて小走りに走る。しかしグランド外を走る人間は危険人物ともみなされる。所内では走るのも命がけである。教員によっては雨の日は所内に傘を持参する人もいたが、わたしは傘を取られたら凶器に使われるので、と持って入らなかった。看守が必ずしも銃を携帯していない理由を聞かされていたこともある。（脱獄防止や「暴動」制圧用のタワーには、銃を構えた看守はいる。）もちろん、教員は銃など所持できないし、わたしはプライベートでも持とうとは思わない。一度でも所持したら、使いたくなるだろう。ただし、銃といえば忘れられない出来事もある。ある刑務所では隣の敷地に看守用の射撃訓練場が併設されており、銃声を聞きながら授業をしていた――今でも鮮明に覚えている。この耳が覚えている、と言うべきか。

オハイオの州立刑務所では、当時は看守や受刑者のほとんどが白人と黒人で占められていた。受刑者の人種に関しては、白人が約六〇%、黒人が約四〇%ほどであったと思う。一度、大学でアメリカ黒人の先生に「所内は黒人ばかりか?」と遠慮がちに聞かれたが、実人口を考えればオハイオでは受刑者の数は白人のほうが多かった。人口比では圧倒的に黒人の収容率が高いが、ここは首都ワシントンDCやデトロイトではない。メディアなどが創り上げるイメージはときに不正確で危ない。一方、当地ではヒスパニック系やアジア系、アメリカ先住民系などの受刑者は少なかった。それゆえ、とにかく私は目立つ。ブルーの囚人服も着ていないし、所内に私の情報があっという間に回る。ただし、人種的には白人でも黒人でもない第三者的立場であり、それに加えて教員ゆえか、受刑者の白人対黒人の言い争いにはほとんど巻き込まれたことはない。双方に好かれるか、嫌われるかの二択であったろうか。

所内の教室は快適からはほど遠い。わたしが使う教室はビデオが観られる機材は置いてくれていたが、エアコンがなかったり、チョークがなかったり、多いときで五十人ほどの受刑者(わたしの学生)がいてもマイクはない。受刑者がマイクを持つとややこしい事態にもなりかねないからであろう。また、映画やネットやスマホなどでは伝わらない、嗅覚に関わる受刑者の体臭や換気のされていない部屋の臭いなどが気になるときもある。忘れ物をしたら二度と戻ってこない。わたしは腕時計を外して授業をする癖があるので、時計は置き忘れないようにしていた。地下にある部屋だと埃だらけと言ってもよかった。とにかく、初版本でも記したが、刑務所内の教室にはむさくるしいという言葉がぴったりである。

受刑者のなかには、わたしの成績では入学できそうにない有名大学出身者がいたこともある。一方で、ときにスキンヘッドの白人至上主義者やドレッドヘアの黒人至上主義者と思われる受刑者たちが、教室で一緒にたむろしていることもあった。看守たちへの対策を一緒に話しているのか何かわからないが、何か共通の敵か利益になる品物があるのであろう。そのようなときは、わたしは彼らとあまり関わらないよう、教室の隅の方で授業の準備をしているか、あるいはそのふりをしていた。一方で、両者が見事に教室の両端に分かれて座っていたこともある。何があったかわからないので、たいへん緊張した。理由を知らないと対応策も考えられず、何か起こりそうで不気味でもある。

ヒスパニック系の受刑者については、今も忘れられない出来事というか光景があった。学期の初日に教育プログラムの職員からクラス名簿を渡される。教員は受刑者の学生を番号では呼ばない。したがって、クラス名簿は高度の個人情報なので失くすわけにはいかない。そして、初めての授業でクラス名簿を見つめながら出席を取っていると、同じ名前が上下に並んでいるように見える。印刷ミスかと思いわたしが少し黙っていると、教室の一番後ろに座っている年配の受刑者が、大きな声で、「ジュニアが俺で、サードがこいつ」と隣の青年を笑いながら指さす。名簿を確かめると、たしかに姓・名は同じだが最後に「Jr.」と「Ⅲ」がついていた。父と息子である。いろんな情報を共有し出所時期も異なる親子を同じ刑務所に入れ、その親子が隣り合わせに座り同じ授業を受ける。親子の絆が深いのはよいが、これでアメリカの司法は大丈夫かと思う。わたしはしばらく言葉を失っていた。

また、教室に来て、いきなりわたしの目の前で上着を脱ぎ上半身裸になった白人の受刑者もいた。背中に彫ってある刺青（タトゥー）の漢字「麻薬」の意味を知りたい、日本人ならわかるだろうと言うのである。アメリカでは街中の刺青屋にいろんなデザインのカタログが置いてある。当然、漢字や漢字のようなデザインもある。その受刑者は、意味を教えると満足して出ていってくれた。所内は看守も受刑者も刺青だらけの人びとである。彼女あるいは元・彼女、あるいはもっと遡上《そじょう》したところにいる「元・元・元・・・カノ」（ときには彼氏）の名前を入れている者も多い。わたしの学術的な研究対象のひとり、黒人解放運動の世界的指導者のＷ・Ｅ・Ｂ・デュボイスは、かつて「二〇世紀の問題はカラー・ライン（肌の色による境界）の問題である」と見事に喝破したが、わたしは所内では皮肉にも「デュボイス博士、今、アメリカではドラッグとタトゥーがカラー・ラインをあっという間に越えています」と思わざるをえなかった。

一度、所内のグランドの端を歩いていると、見知らぬ看守が向こうから寄ってきて、いきなり「カラテを教えるな」と威圧的に言われて驚いたことがある。何か誤解があったのかもしれない。わたしは日本の公立高校の授業で柔道を少し習っただけで、空手など学んだこともない。ただ、その少し後で、当時住んでいたオハイオの田舎町では、子どもたちに日本人なら何かと「カラテ」と言われるので、一度、アメリカで空手を習うのも面白そうだと地域の生涯学習のクラスに気楽に入ったことがある。すると、クラスの「先生」は本気の人で、州都コロンバス市警のスワット（ＳＷＡＴ、特殊部隊）に属する黒帯の屈強な白人警官であった。当然、日本人を楽しみにしていた「先生」の期待を、わたしはたいへん裏切ることになった。そうして、十人ほどのクラスの一番下に並ぶことになった白帯のわたしであるが、クラスの最初と最後の「一、二、三、……」という掛け声の際は、皆わたしの声を真似ようとする。クラスでのわたしの役割は番号を呼ぶことのようであった。

さて、看守や受刑者の話に戻そう。とにかく、看守の機嫌を損ねると、刑務所内では自由に移動できない。そして無事に教室に到着しても、「囚われし学生たち」（incarcerated students）が誰一人いないことも何度かあった。通常の定時点呼で数が合わないのでやり直しとか、脱走騒ぎの抜き打ち点呼で舎房に戻されているということであった。刑務所は点呼の世界でもある。わたしの時計の針は関係ない。当たり前であるが事前連絡もない。結局、二時間くらい教室で待っていたが誰も来ず授業は流れた。その間、わたしも外部に出られないので、他の教員と雑談をしたり、日記を書いたりしていた。もちろん補講などないので、その後の授業計画もおかしくなってしまう。

そんな職場環境なのに、わたしのクラスはときどき受刑者による「授業評価」（！）の対象になった。現在、日本の大学でも実施されるようになったものである。FD（大学教員の資質開発）やSD（大学職員の資質開発）、PDCA（大学の内部質保証など。しかし、PDCAは、品質管理のために役立つ概念であるが、個性豊かな人物育成、新しいアイデア創出という教育・研究の理念には馴染まない）など、アメリカの大学から米国英語の略語のまま輸入されたものと一緒に、「授業評価」も日本中に拡散した。その所内の「授業評価」では当然、教員としてのわたしの評価も含まれる。アメリカの刑務所で受刑者に日本人教員が評価される――とても複雑な思いであった。手書きなのでコメントの字が乱雑で読めないこともあった。文字通り、意味不明である。なんだかややこしい日米関係のひとコマでもあった。

当時のオハイオ州の成人刑務所はだいたい二千人から三千人を収容しており、ほとんどが五百人以上の定員超過で、これが州政府から受刑者に至るまで、いろんな問題を生じさせていた。刑務所当局は二人用の舎房に四人用ベッドを入れたり、食事時間やグランドでの自由時間を少しだけ減らしたり、各種施設の使用制限など調整を図ったりしていたが、当然、受刑者の反発は大きい。ときに、外部から「暴動」（riot）と呼ばれる事態の多くは、人としての最低限の「人権を求める闘い」（struggle for human rights）でもある。教室はまだましなほうだったが、個人的には通路などで人と人の距離が狭まることに注意していた。そして、わたしが務めていたある刑務所では、定員超過とはいえ、裁判所から「落ちてくる」受刑者を収容せざるをえないため仮釈放のプロセスを簡素化し、その結果、誤った受刑者を外部へ仮釈放してしまい大騒ぎになった。これもまた、抜け穴だらけのアメリカ司法制度の露呈であった。

また、刑務所という閉鎖空間では病気が流行りがちで、結核やインフルエンザなどが流行する。一度は患者の咳などから飛沫感染する細菌性の髄膜炎という怖い病気が流行り、刑務所が一つ完全にロックダウンしてしまった。たまたまわたしはその日は午後の授業日で、駐車場に着いて何か雰囲気が違うことに気づき看守に尋ねたら、「すぐに帰れ」と言われ慌てて帰宅した。そして自宅から刑務所に電話し、所内で何が起きているかを知った。なお、わたしはなぜか髄膜炎と縁があり、後年、エチオピアの首都アディス・アベバで歴史調査をしていた際にも流行に遭遇し、日本大使館に慌てて逃げ込み、大使館付き医務官の方にワクチンを打ってもらったことがある。医務官の先生曰く、ちょうど隣国エリトリアと戦争中で在留邦人が減り、邦人用に確保したワクチンがまだ余っていたという。助かった。

日本の刑務所でも困難を極めたと思うが、近年の新型コロナウィルス（COVID-19）流行時はアメリカは刑務所人口が桁違いに多いゆえ、関係者は対策に大変だったと聞いた。一方、わたしが働いていた時期はエイズが流行中で、当局は原則や規則と、所内での現実的対応の狭間で悩んでいた。たとえば、エイズ拡散防止として受刑者に禁制品のコンドームを配布するかどうかを真剣に議論していた。当然、所内の規則では合意であろうと買売春であろうとレイプであろうと性交は厳禁である。もちろん、レイプは重大な犯罪である。

それゆえ、州税でコンドームを大量に購入し所内で配布することでエイズ患者は減るかもしれないが、そのことが公になると、州民を巻き込んだ政治的な話にもなりかねない。たしかこの件は流れたと思う。

受刑者には所内外での性の加害者・被害者が少なからずいる。男性の受刑者であっても、少年時代、男女問わず大人から危害を加えられた者もいる。性犯罪の問題はＰＴＳＤ、そしてその後の人生に繋がる深刻なものである。それゆえ、受刑者のエッセイにもこの話題がよく出てくる。初版本では、わたしは裁判所で夜間に女性警備員がレイプされた事件に言及したが、州都コロンバスに住んでいたときは、すぐ近くにあるオハイオ州立大学のキャンパス中央の大きな芝生で、早朝、出勤中の男性職員がレイプされ深刻なニュースになった。アメリカでは多くの大学で構内を大学警察《キャンパス・ポリス》の車がくるくる回っている。学問を営む「神聖」なる場所ですら、アメリカでは犯罪や刑務所と無関係ではいられない。というか、たいへん密接な関係にある。

数年前、アメリカ北東部ニューイングランドにある有名なマサチューセッツ大学アマースト校を仕事で訪れたことがある。その際、緑豊かな広い大学キャンパスの随所で、そして静かな読書や学びの場所を提供すべき図書館内のあちこちで、正面エレベーターの横でも、Run / Hide / Fight の三文字が目に入った。それら掲示板やポスターに書いてある指示はきわめて簡潔、ストレートで、もし銃の所持者が入ってきたら「安全な逃げ道があれば走れ（Run）、安全に脱出することができなければ隠れろ（Hide）、どうしようもなくなったときの最終手段は闘え（Fight）」とのことである。さらには、よりよく目立つように、走る人、隠れる人、闘う人の赤いピクトグラム入りである。オープンキャンパスなどで訪問するアメリカの高校生なら驚かないかもしれないが、留学生、とくに日本からの学生などはここで学んで大丈夫かなと思うかもしれない。不謹慎かもしれないがと思いつつ、わたしはそれを写真に撮り、日本の大学で同僚の教員やゼミの学生に見せては、これがアメリカの社会や大学の一面、現実を切り取っていると紹介していた。

この大学と犯罪、治安という問題については、ひとりの日本の大学人として、ここでぜひ付け加えたいことがある。昨今、日本の大学や政府、財界などにまで影響を与えている欧米中心主義・英語中心主義の世界大学ランキングに、こうした教職員・学生の命に関わるキャンパスの安全性、犯罪の種類や頻度、寮におけるドラッグの普及度などの指標をぜひ入れてもらいたい。これは真面目な話である。命より大事な知識などない。欧米側が作ったランキングあるいは土俵に、日本が自ら素手で乗り込んでいくのは愚かしいし、次世代の研究者・若者への罪作りでもある。一個人では効果がないので、たとえば政府が相手側にそうした要求ができる意気込み、こちら側から相手を有効に査定できる視点と能力、すなわち日本における「精神の脱植民地化」（Decolonizing the Mind）、「学界の脱植民地化」（Decolonizing the Academy）が求められているのではないか。日本の大学はイギリスが政策的に作ったランキングにおける「昇進」に振り回される必要はない。オックスフォード大学がハーバード大学に負けても、わたしたちが一喜一憂する話ではない。（まったくない――ピリオド。）

ところで、再びコンドームである。とにかく、コンドームなのである（一時期、わたしの故郷の近くにある阪神甲子園球場で観客が一斉に飛ばす風船までもがコンドームに見えていた。トラウマである。）所内ではコンドームは貴重なので、洗ってまた使うなどその再利用性も含めて話題は尽きない。さらには、先述した所内のエイズとコンドームの一件だけでもわかるように、州立刑務所の運営と州税投入は微妙な関係にある。ただでさえ、州民が払う税金が刑務所に使われるのを喜んでくれる住民はいない。刑務所は社会的に必要と思われながら、住民からは内実のよくわからない「見えない施設」、自分たちの地域、とくに子どもたちの学区にあってほしくない「迷惑施設」でもある。刑務所一つ建てるにも、政治家たちや地元の意向などが複雑に絡み合ってそう簡単にはいかない。政治家たちは選挙の年かどうかも考えねばならない。

アメリカの刑務所の看守には、ベトナム戦争や一九九一年の湾岸戦争などの退役軍人も多い。そのなかにはメンタル面で不安定な看守もいる。わたしが働いていた三年間、人種を問わず、何人かの看守とは仲良くなった。ときどき刑務所近くのカントリー音楽しかかからない場末のバーで、ひとりビールを飲んでいると、おそらく仕事終わりであろうと思われる看守たちもいた。（ビールは、わたしの好きなボストンのサミュエル・アダムスなどない。バドワイザーでもなく白人に支持されていたクアーズ。）そのバーでは黒人がいなかったので、アジア系のわたしは所内よりもさらにアウェイな場所での客であったが楽しかった。まるで映画の一場面のように、フロアではテンガロハットにカウボーイブーツの男女が踊っていた。所内で親しくなった看守のひとりは、わたしが施設から出るときの荷物検査の際に、わたしのカバンを覗き込み、「囚人はいないかな？」と冗談を言っていた。所内で緊張感が緩むといけないのだが、一度だけ、「あっ、忘れてきた！」と応じたことがある。

アメリカでは看守によっては、自分たちが教育を受ける機会がないのに、受刑者は税金で学んでいると、教員や教育プログラム自体を批判する者もいる。刑務所は懲罰だけを与える場所と信じている。しかしながら、アメリカでは読み書きすら十分にできない受刑者も多い。警察の人種主義にもとづく「レイシャル・プロファイリング」などで黒人はじめ有色人種の受刑者比率も高い。そして、忘れてはならないのは、ほとんどの受刑者は遅かれ早かれ施設を出ていくということである。一般社会に戻るのである。しかし看守側からすれば、所内での教育や職業訓練が再犯抑止に繋がり、結果的に一番大事な犯罪や被害者の数を減らすことに繋がることがわかっていても、なかなか自身の置かれた労働環境との間で納得がいかない。看守への教育機会の提供も含めた処遇改革も大事な課題である。一方、アメリカ政府は、軍隊に従事したら除隊後に大学で学ぶことのできる奨学金制度はすぐ作る。オハイオ大学のアフリカ史専攻の大学院生時代、湾岸戦争に従軍し奨学金を得て入学してきたが、戦場で仲間が殺された体験をずっと引きずっていた元・通信兵のクラスメートがいた。どういう公的扱いがあるかはわからなかったが、試験も時間延長など特別扱いで受けていたことを覚えている。

ところで、アメリカの刑務所教育の特徴のひとつは、わたしのような講義が基本の授業だけでなく、エッセイや詩を書くことにより更生、社会復帰を目指すプログラムが盛んという点であろう。アメリカ文学のサブジャンルとして「アメリカ刑務所文学」があるほどである。一九七一年のニクソン大統領による「薬物戦争」（War on Drugs）宣言や、初版本でもひと言だけ言及した同年のニューヨーク州のアッティカ刑務所における人種差別撤廃や待遇改善を求める受刑者たちの大規模な「暴動」あるいは「決起」（The Attica Prison Riot／Uprising）とも呼ぶべき事態がアメリカ社会を揺るがせ、当時の刑務所改革にも繋がっていった。とりわけ、看守や職員十人、受刑者三十三人の計四十三人の死者（ニューヨーク州の公式文書による。死者のうち看守一人を含む四人は受刑者により、それ以外は鎮圧部隊の射撃によって殺された）を出したアッティカのインパクトは大きかった。それゆえ、この事件は「南北戦争以来、アメリカの『内戦』としては最大の死傷者を出した」と言われるほどである。

国際ペンクラブ（ＰＥＮ）のアメリカ支部であるペン・アメリカン・センターが「ＰＥＮ刑務所ライティング・コンテスト」を設立したのは一九七三年であった。それ以降、センターは毎年、詩、フィクション、劇、ノンフィクションなど分野別にコンテストを催している。一九九九年には五十一人の受刑者の作品を含む二十五周年記念本も出版された。（Bell Gale Chevigny ed. *Doing Time: 25 Years of Prison Writing*, Arcade Publishing, 1999, New Edition, 2011.）

このコンテストは現在も継続されており、今では受賞作品などはネットでも読める。受刑者用として、*Handbook for Writers in Prison*（PEN American Center, 2006）など指南書も刊行している。

なお、アメリカの「刑務所文学」作品は古くからあるが、それをアカデミアの研究対象として広く知らせた本として、「プランテーションから監獄・刑務所」までを扱った文化史学者でアメリカ研究が専門のH・ブルース・フランクリンによるH. Bruce Franklin, *The Victim as Criminal and Artist: Literature from the American Prison* (Oxford University Press, 1978) を挙げておきたい。この本を果敢に出版した学術出版会の編集者たちの慧眼にも敬意を払いたい。本書の序文には、「この本に取り組んでいた七年の間、わたしには徐々に実感してきたことがある。それは、わたしがこの国民国家の何か周縁的な文化現象ではなく、その歴史的経験の中心に近いものを見つめてきたということである」という重たい言葉がある。そして、その増補版H. Bruce Franklin, *Prison Literature in America: The Victim as Criminal and Artist* (Expanded, ed., Oxford University Press, 1989) は、学術界や読書界により大きな影響を与えた。同著者には、警察官殺害による死刑判決（現在は終身刑）に対して無実を獄中から訴え続ける黒人活動家でジャーナリストのムミア・アブ＝ジャマールなどの文章を含む、H. Bruce Franklin. ed. *Prison Writing in 20th-Century America* (Penguin books, 1998) もある。

ところで、所内では禁止されているポルノ雑誌をはじめ、受刑者間での本の貸し借りもあるが、やはり図書に関しては所内の図書室が果たす役割は大きい。刑務所の図書で学んだことが、先祖を奴隷として所有していた白人農園主の「リトル」という姓を捨てさせ、人生そのものを変えることになった黒人指導者マルコム・Xなどの例が有名である。受刑者のエッセイや詩にも彼の名前はよく登場する。わたしが教えた刑務所の図書室はどれも小規模であったが、多くの受刑者が利用していた。しかし、自身の刑をなんとか短くしよう、仮釈放を早くもらおうという目的から、司法取引の可能性や妥当性など法律を自習する受刑者によい印象を持たない看守もいる。また、一般に図書室は死角が多い。それゆえ一度、所内の図書室で看守が勉強中の受刑者に性的行為を強要して解雇されたことがあった。

初版本で言及したベトナム戦争時の海軍特殊部隊シールズ（Navy SEALs）の隊員は、戦争で二百人以上殺害し国からメダルをいくつももらったが、その特殊技能ゆえ、除隊後に国内で巻き込まれた殺人事件の首謀者として司法取引によって認定されてしまった、と後にわたしに語ってくれた。アメリカの司法取引は入所後も何かと影響してくることがある。日本では考えられないほど複雑で厄介、ときに不正義ではないかと思わされることもある。アメリカでは裁判での陪審員の選定から判決までの検察と弁護士の一連のやりとりなど、本当に一人の人間の一生を代わりに背負って仕事をしているのかと疑念を感じざるをえないことがある。ときには、まるで出世狙いかマネー・ゲームをしているようにさえ見える。

なお、その元・シールズの受刑者には、大学から借りたベトナムの大きな地図を所内に持ち込み、許可をもらってインタビューをしたことがある。三度の出征の体験談で、ラオスなどベトナム以外の細かい地名もたくさん出てくるので、一九六四年生まれでその戦争の知識に乏しいわたしはまったく追いつけなかった。話が地図の外に出てしまうともうお手上げである。メモ書き程度しかできず、本当に申し訳なかった。

裁判といえば、わたしが刑務所内で働いていた時期に起きたのが、一九九四年のO・J・シンプソン事件である。NFLのアメリカン・フットボールの元・スター黒人選手が白人の元妻とその友人を殺害したとして逮捕され、翌年、全米が注目する「世紀の裁判」（Trial of the Century）が始まった。日本でも詳しく報道されたであろう。裁判の内容は省くが、殺人事件と人種問題が絡んだこの一件は何か月にもわたってアメリカのメディアでスキャンダラスに報道され、一時、陪審員はホテルに隔離され新聞やテレビを一切禁じられるほどであった。その刑事裁判では、被告側は「ドリーム・チーム」と呼ばれた敏腕弁護士をそろえ裁判に臨んだ。わたしには、公平性が担保されるべき裁判で、「ドリーム・チーム」などという名称が飛び交うこと自体が不適切であり、アメリカ的司法の世界だなと思わされた。（オリンピックに出場するバスケットボールのNBAのスター集団みたいである。）その弁護団は事件に、担当警察官の人種差別主義など人種の要因を執拗に絡ませた。

この刑事裁判は最終的には陪審員全員一致での無罪が言い渡された。評決の瞬間はわたしは自宅にいてテレビの生中継を見ていたのだが、テレビの視聴率は四〇％にもあがり、全米のオフィスの電話がそのとき一時的に鳴らなくなったとさえ言われた。それほど注目されていたのである。このケースでは、アメリカでは憲法により上訴が認められていないので、判決後の検察の会見における黒人検察官の悔し涙が印象に残った。（その後の民事裁判ではシンプソンの殺人が認定され賠償金が命じられているが、刑事裁判での無罪は確定である。）この裁判騒動の間、刑務所内への影響も懸念されたが、わたしの教室には影響はなかった。一方で、ひとりの白人男性の教員は、裁判の節目の日、今日は行く気がしないなと呟いていた。

アメリカでは裁判官もわたしには謎の部分が多い。これは悪気のないエピソードだが、一度、何かと親しくしてくれる田舎町の老齢の裁判官や、オハイオ大学の先生、職員にゴルフに誘われたことがある。そこで聞かされた、その町では裁判官は代々その家から出るという話自体がよく飲み込めなかった。わたしは高校生のときに時給の一番よかった週末のキャディーのバイト——厳密にはバイトは公立高校の校則違反だったので闇バイト？それを知っていたゴルフ場のマネージャーは毎回わたしの日給から千円を抜き取っていたは——を数年していたので、簡単なプレーはできた。そしてプレーが始まると、その裁判官は何度か打ちにくいところにボールを落とすと、ひょいとボールを持ち上げて安全なところに移してしまった。それを目撃してしまったわたしは驚いて、"Your Honor..."と言いかけたが、まあいいいかと苦笑していた。向こうもわたしの視線に気づいて、にやりとしていた。ゴルフ後はその裁判官の豪華な自宅での夕食パーティに招かれた。食事の前に立派な室内を案内され、最後に裏口を開けたところで、夕闇の中大きな生き物の顔が突然わたしの顔に迫ってきてびっくりさせられた。「世界で一番大きな犬」だと言うのである。木の柵に入れられている馬かと思った。わたしを驚かすのは、ゴルフ場での出来事もあり、あの裁判官はきっと確信犯だったのであろう。

ところで、アメリカではやはり、刑務所の看守も何らかの使命感や、よほどよい待遇がなければ、疲労感、徒労感の多い仕事になってしまう。人間不信にもなりやすい。こうした看守の置かれた状況が、看守の不足や質の低下を招く。そして、受刑者増加や刑務所不足というもっと大きな問題に巻き込まれて、二十五年前の初版本で少しだけ触れている刑務所の民営化の拡大にも繋がっている。当時の連邦政府や州政府の行刑政策が、刑務所民営化企業の戦略に取り込まれてしまったとも言える。

二十五年前の初版本刊行の後、アメリカの刑務所関連で一番大きな社会問題になったのが、その「民営化」であった。どこで「犯罪」の線を引くかで統計も変わるが、とくに一九九〇年代以降、犯罪の増加傾向、ドラッグに対する法律の厳罰化、刑期の長期化、施設の老朽化などの諸要因で刑務所不足が頻繁に指摘されるようになった。刑務所へ収容すべき重罪犯を執行猶予を付けて社会に戻すこともあった。そして何より、刑務所建設費や運営費の不足、刑務所建設に時間がかかるのが問題であった。

アメリカの司法省統計資料局（ＢＪＳ＝Bureau of Justice Statistics）が二〇二三年十一月に公表したデータによれば、二〇二二年末でのアメリカの刑務所人口は一二二三万一〇〇人である。前年より二％増加した。人種別では、連邦と州立刑務所を合わせて、黒人は三二％、白人は三一％、ヒスパニック系は二三％、多人種・その他が一〇％、アメリカ先住民（アラスカ含む）が二％、アジア系（ハワイや太平洋諸島含む）が一％となっている。ちなみに、日本の令和四年版＝二〇二二年版の『犯罪白書』では、二〇二一年末の日本の受刑者人口は三万八三六六人となっている。日米の統計の違いなどで正確な比較は難しいが、それでも、日本の人口（一億二千万人）の約二・八倍の人口（三億四千万人）を擁するアメリカで、受刑者人口は三十二倍の一二三万人というのは異常である。日本では政令指定都市（人口五十万人以上が第一の指定条件）が二つも出来てしまうような数字である。そして、この一二三万人の約八％が民営刑務所に収容されていると言われている。

民営化の目的は、連邦政府や多くの州で刑務所予算が大きな負担となっているため、運営の全部あるいは一部を民間の会社に任せようというのである。日本でも数か所の施設でＰＦＩ（Private Finance Initiative）と呼ばれる民間の資金や運営技術などを導入・活用した官民協働の刑務所があるが、アメリカの民営化とは異なる。日本では刑務所管理に伴う行政責任については、基本的に国が全部負うのである。（当然、刑罰権もすべて国が保持する。）

したがって、こうした施設には「婚活」みたいだが、民間機能・会社を活用する「民活刑務所」との呼称もある。二〇〇七年に山口県で美祢社会復帰促進センターが開所したことにより本格化した。PFIでは、軽警備施設を主に、警備業務の一部を民間警備会社に委託し、所内で盲導犬育成（大塚敦子『〈刑務所〉で盲導犬を育てる』岩波ジュニア新書、二〇一五年を参照されたい）やデジタルコンテンツ能力育成、ネイリスト育成など、今までにない試みがされるようになった。PFIでの十年以上にわたる更生プログラムを取材した映像作家の坂上香によるドキュメンタリー映画『プリズン・サークル』（二〇二〇年）および同名書籍（岩波書店、二〇二二年）は、著者の熱い思いと作品の作り手としての労苦が、登場人物の声をよりリアルな形で伝えてくれる。

アメリカでは基本的には、民間刑務所運営会社が連邦政府や州政府から受刑者一人当たり一日の金額分（たとえば三十数ドルから八〇ドル。モーテルの宿泊料金のような会話が飛び交う）を受け取り、それで施設全体を運営することが多い。アメリカで現在のような企業化した刑務所運営の先鞭《せんべん》をつけたのは、テキサス出身のテレル・ドン・ハットーである。彼は奴隷制を引きずるような綿花プランテーションで低賃金経営のノウハウを取得し、軍隊や刑務所所長の経歴を経て、一九八三年に共同創業者として後にアメリカ最大の刑務所会社となるＣＣＡ（Corrections Corporation of America, 二〇一六年に CoreCivic に改名）を設立した。とりわけ、ハットーは一九八四年から一九九〇年のアメリカ刑務所協会会長時に民営化を推進している。

民間の刑務所運営会社は、「施設はひとつの小さな社会やコミュニティであり、看守をはじめとする雇用やインフラ、衣食住に関わる多様な需要で何かと地域に利益や発展をもたらす」などと喧伝《けんでん》する。しかし、企業である以上は利益を出さねばならず、赤字にならないためには当然コスト削減も必要で、まずは看守などの人件費が対象となる。看守の数や賃金を減らすのである。その分、監視カメラやドローンで代用という反論もある。（そのうちAIが本格的に参入してくるに違いない。一度、警備関連機器・道具の国際見本市をテレビで見たことがあるが、見続けるのがストレスになるほど非人道的であった。）そして、医療費、食費、教育費などが削られていく。わたしが驚いた事例は、ある田舎町の成人男性刑務所で、地元の高校卒の若い女性を、訓練もほとんど与えないまま安い給料で看守に雇っていたことである。様々な経緯で女性の看守と男性の受刑者との間で性的関係が持たれるという事例を、よく聞いていたこともある。

一方で、所内の工場はフル稼働である。刑務所内の工場で製造されるものは、一般的にイメージされる衣服や家具など諸製品から、警察関連では皮肉にも警官のユニフォーム、軍隊関連では戦闘服・ヘルメット・靴、さらにはコールセンター業務まで多岐にわたる。一時はマクドナルドの制服も一部、下請け業者を通した形で受刑者の手が入っていた。

刑務所の民営化は重要な社会問題化しているので、アメリカでは様々な本や論考・記事、テレビやネットの番組などで議論されている。行刑専門の論文を除けば、日本語で一般書として読むことができる本として、奴隷制や人種差別、ジェンダーや貧困などに関わる諸問題を関連づけながら「産獄複合体」(Prison Industrial Complex)のあり様《よう》を批判的に論じ、「監獄」のない世界を模索、提言する黒人女性活動家・学者として著名なアンジェラ・デイヴィス(上杉忍訳)『監獄ビジネス——グローバリズムと産獄複合体』(岩波書店、二〇〇八年)がある。訳者による解説も詳しい。また、アメリカでベストセラーとなったシェーン・バウアー(満園真木訳)『アメリカン・プリズン——潜入記者の見た知られざる刑務所ビジネス』(東京創元社、二〇二〇年)なども挙げられる。

バウアーの本は著者が二〇一四年十二月から四か月間だけではあるが正式な看守(民営会社なので、刑務官と呼ぶことはできない)として民営刑務所に「潜入」したルポであり、アメリカの建国以前からの囚人労働や黒人奴隷制の歴史なども踏まえながら、現在の民営刑務所での運営や処遇を自身の体験をもとに批判的に描き出した。潜入先はＣＣＡ(当時）が運営するルイジアナ州のウィン矯正センターである。時給は九ドルであったという。同書には、わたしが先述したような性的関係、看守は受刑者とセックスしないという規則を違反した事例――ひとりの女性看守がまず一人の受刑者と厨房で性的関係を持ってしまった。そして、その看守は他の受刑者からの告げ口を恐れ、やがて十人前後の受刑者と関係をもつようになり、ついには受刑者たちが彼女をめぐって喧嘩をして事態が発覚した――という笑えないエピソードも含まれている。ＣＣＡでは医療費を抑えるために、できるだけ高齢者や精神疾患のある者、エイズなど重い病気を抱えた者の受け入れを断っている方針も記されている。バウアーが働いていた期間、刃物による傷害事件の増加で所内がロックダウンされてもいる。なお、同書には、刑務所に関わる歴史的なものから著者自身の制服姿の写真も多数含まれている。（わたしは取材目的ではなく教員として入所したので、あえて許可をもらってまで所内の写真撮影などは行わなかった。）なお、バウアーの本は元・アメリカ大統領バラク・オバマにも支持された。

　こうした先述書の内容以外でも大きな批判を招いている民営刑務所の実態は、会社によって様々であり、外国まで進出している例もある。いずれにせよ、一度民営化してしまえば公営に戻すことは難しい。アメリカでは公民問わず、受刑者は低賃金労働なのに、トイレットペーパーなど生活の最低必需品が有料のところもあれば、訴訟費用の未払金や借金を抱えたまま入所し、そのまま出所することもある。政治家や政府、大企業とも結びつくアメリカの刑務所ビジネスについては、アメリカ史、とりわけアメリカ先住民の歴史や、奴隷制にまつわるルーツとルート（roots and routes）を含んだアメリカ黒人などの歴史を把握しつつ、現代のアメリカの軍事産業を含む政治的世界戦略、巨大資本による経済的市場戦略や、人種・民族・宗教的マイノリティ、性的マイノリティ、心身障害者への差別などが絡む、受刑者搾取を考えねばならない。昨今の「ブラック・ライブズ・マター」（BLM＝Black Lives Matter）運動はもちろん、すべての人の命に深く関わる問題でもある。

現在、日本（語）で書かれたアメリカの刑務所に関する本や論考、エッセイなどは、一般に想像されているよりはかなり多いと思われる。漫画などもある。行刑の専門書や論文以外では、先述の映像作家・坂上香による殺人被害者家族と死刑囚の家族たちが語り合う『癒しと和解への旅』（岩波書店、一九九九年）、終身刑の受刑者を扱った『ライファーズ――罪に向きあう』（みすず書房、二〇一二年）をはじめ、人種問題と大量収監（mass incarceration）の論考、アメリカの刑務所図書館の司書や読書クラブについての翻訳書など、インターネットで検索すればかなりの数や情報が得られる。アメリカの刑務所に受刑者として収容された日本人の手記もある。先述した死刑囚（当時）のムミア・アブ＝ジャマールの獄中手記（*Live from Death Row*, 1995）なども翻訳されている。（ムミア・アブ＝ジャマール、今井恭平訳『死の影の谷間から』現代人文社、二〇〇一年。）

したがって、そのリストアップは別の機会に譲り、このエッセイ的な一文では、近年に一般書として大きな話題となったパイパー・カーマン（村井理子・安達眞弓訳）『オレンジ・イズ・［ザ・］ニュー・ブラック——女子刑務所での13カ月』（駒草出版、二〇一八年。訳書タイトルは「ザ」が抜けている）だけに、しかもその一部分だけに言及しておきたい。原書は、**Piper Kerman**, *Orange Is the New Black: My Year in a Women's Prison*（Spiegel & Grau, 2010）である。（ＯＩＴＮＢと呼ばれる。）タイトルの意味は、アメリカではあまりに受刑者が多いので、「オレンジ色の囚人服は、今や黒色のように流行色」といったところであろうか。（ファッション業界ではよく使われる言葉のようだが、アメリカや英語ではブラックは「黒人のように差別される」という皮肉にも聞こえてしまう。）

本書は、ボストンの裕福な白人家庭に生まれ名門女子大を卒業した若い女性が、ふとしたきっかけで麻薬取引に関わってしまい、連邦刑務所に入ることになった体験をときにユーモアと冷静な筆致で描いた、二〇一〇年刊行のノンフィクションである。カーマンが受刑者番号「111874２4」となって体験する様々な物語は働く若い女性を中心に支持され、アメリカでベストセラーになった。そしてわたしの関心で言えば、本書の終盤で、施設を移動させられる主人公が手足を拘束され大きな飛行機に乗せられる場面が記憶に残っている。乗せられるというよりは、彼女が両足をそろえてウサギのようにぴょんぴょん跳びながらタラップを上がるのである。これこそが、いわゆる「コン・エアー」（Con Air）である。そのニックネームで呼ばれる連邦保安官局の受刑者空輸・移送制度である。

この制度は一九九五年に正式に開始され、保安官局が専用のボーイング機を数機所持し、現在、年間で約二十万人を「輸送」していると言われる。基本的に男女の受刑者を区別することなく詰め込み、CAの代わりに保安官を乗せて、国内の刑務所や拘置所、裁判所などへ移動させるべくアメリカの空を複雑怪奇に飛び回っている。国際便もある。もちろん、フライト情報は極秘である。刑務所外の人間を巻き込んだハイジャック事件、受刑者脱獄（脱機?）などを防止せねばならない。ゆえに受刑者本人にも飛行場行きのバスや飛行機搭乗は直前にしか知らされない場合が多い。（学生でもある受刑者がある日突然いなくなると困るが、当然、教員も事前には教えてもらえない。）

アメリカで「コン・エアー」の存在を有名にしたのは、ニコラス・ケイジ主演の単純なアクション映画『コン・エアー』(一九九七年)であるが、実際の「コン・エアー」では呆れ果てるような人間物語が起こっている。騒ぎ続ける受刑者をスタンガン(注:テーザー銃はブランド名)で強引に眠らせるとか、敵対するギャングのメンバーが隣り合わせにならないよう座席を慎重に配慮するとか、受刑者が楽しみにしている食事が出てきたらまだ凍っていて食べられなかったなど、外部の者には断片的な話しかなかなか伝わってこない。あれこれ聞いているとだんだんわかってくるが、当然、よい話はほとんどない。とにかく、アメリカの大空を飛ぶ「コン・エアー」にも囚われし者たちの様々な〈声〉が響いているのである。この国の空も何かがおかしい——何かが間違っている。

そして、カーマンが「コン・エアー」に乗せられ、最後(三つ目の刑務所)に収容され、そして釈放されたのが連邦政府管轄のシカゴ・メトロポリタン矯正センターである。シカゴのビル街に立つ細い窓だけが無数に並ぶ、二十八階建ての三角形のモダンな高層ビルである。日本にも馴染みのある建築家ハリー・ウィーズによる設計の——あくまで建築や刑務所に関心ある者だけであろうが——とても有名な建物である。受刑者の運動場は高層ビルの屋上に設けられており、わたしが以前に見たときは、ヘリを使った空からの脱走予防として屋上の一部に緑のネットが被さっており景観が台無しであった。この国ではヘリを使った脱獄など映画のなかだけの話ではないのである。そして、この施設は閉鎖性が高いゆえ、精神に異常をきたす受刑者も多いと言われていた。なお、この建物は観光地ではないので、用事がなければ行かないほうがよい。職務質問（職質）に遭い、本当に入れられたら、文字通り話にならない。建物だけならネットで見ることができる。

カーマンの本はその人気を受けて、二〇一三年からネットフリックスがドラマ化している。ドラマのほうはかなり脚色されコミカルな部分はあるが、母と娘が同じ所内でドラッグビジネスに手を染めたり、煙草や携帯電話、マスターベーション用バイブレーターの持ち込み、民営化の問題、精神病棟の閉鎖問題、拘束具を外され出所したとたん手錠をかけられ移民収容センターに護送される事案などにも触れられ、ネットフリックスで最も視聴されたオリジナル作品となった。わたしも七シーズン・九十一話を十日間ほどで全部一気に観てしまった。（ネットフリックスのドラマは、熱中すると休憩なしに観てしまい健康に悪い。）なお、ドラマではシカゴの施設は出てこない。原書とは異なりパイパーの彼女が収容されているオハイオの刑務所で終わる。最後のシーンでは著者カーマンも受刑者として一瞬だけゲストで登場する。その著者は現在、オハイオ州在住で、刑務所待遇改善などの社会活動をしている。

なお、日本の刑務所に関する本や論考については、公の図書館としては、国立国会図書館はもちろんのこと、国内唯一の刑事政策・矯正分野を専門とする矯正協会の矯正図書館（一九六七年開館）はたいへん貴重である。後者の図書館は初版本を書く前にも利用させてもらったことがある。個人的に興味深かったのは、わたし自身が近現代史が専門ゆえに、今では考えられないであろう「志願囚」を体験し、広島で自身が被曝し愛娘を失いつつ広島刑務所の対応に当たった体験を持つ、矯正協会長の正木亮《あきら》による大部な『戦時行刑実録』（矯正協会、一九六六年）であった。正木は戦後、反戦や死刑制度反対運動に尽力した人物でもある。わたしはこの書物で、満洲事変（一九三一年）を契機に軍部の要請により刑務所で軍需品が大量生産された実態や、南洋諸島に軍事飛行基地を建設するため、一九三九年に海軍の依頼で横浜刑務所を所管に各地から受刑者と職員が集められ、テニアン島などに「赤誠隊」として送られたことを知った。当時、テニアン島などは国外ゆえ、そこに行刑を移動させることは日本の監獄法が許さないという法律上の問題があった。しかし、「船を島の海岸に停泊させ、そこから島の作業場に通わせたら大丈夫」として、その法律問題も「あっさり」解決を見ている。もちろん、実際は島に舎房が造られている。

戦争は法をいともたやすく踏みにじる。

その正木亮の外国視察を含む敗戦直前までの自身の歩み『志願囚――囚人とともに三十年』（朝日新聞社、一九四六年）に続く、森下忠『若き志願囚』（京都市治安協会連合会、一九五〇年）や鬼塚賢太郎『偽囚記』（矯正協会、一九七九年）などは「囚人・看守体験記」である。『苦しみと喜びと』（矯正協会、全七冊、一九七八年―二〇一三年）は矯正職員の「処遇体験記」であるが、看守などによる「刑務所文学」でもあろう。元・刑務官で作家になった坂本敏夫の『典獄と934人のメロス』（講談社、二〇一五年）は小説ではあるが、関東大震災（一九二三年）時に、強固な外壁が崩壊し迫りくる火災に見舞われるなか、監獄法にもとづき受刑者の一時「解放」を断行した横浜刑務所とその典獄《てんごく》（所長）をめぐる物語である。本書を締める「あとがき」は重たい。より光の当たりにくい女性の刑務所に関する最近の本では、堂本暁子著・名執雅子編著『声なき女性たちの訴え――女子刑務所からみる日本社会』（小学館集英社プロダクション、二〇二一年）がその施設の在り方を論じ、国や社会への提言をしている。猪熊律子による『塀の中のおばあさん――女性刑務所、刑罰とケアの狭間で』（角川新書、二〇二三年）は、高齢化社会の状況や課題が刑務所にいかに反映しているかなどを描いている。

アメリカでは刑務所を扱った映画は、自主制作的ドキュメンタリー映画からポルノ映画、ハリウッド映画まで数えきれない。近年のわたしの印象に残った作品で、DVDで入手が手軽という点では——内容は手軽では決してないのだが——二〇〇八年公開の『プリズン・サバイブ』（*Felon*）、アッティカ刑務所の「暴動／決起」五十周年に合わせて二〇二一年に公開されアカデミー賞候補にもなったドキュメンタリー映画『アッティカ』（*Attica*）などがある。しかし、ここでは個人的な好みと紙幅の都合により、日本でも話題になった二つの映画だけ紹介しておきたい。一九九四年、それぞれ八月と九月に公開されたオリバー・ストーン監督『ナチュラル・ボーン・キラーズ』（*Natural Born Killers*）と、フランク・ダラボン監督『ショーシャンクの空に』（*The Shawshank Redemption*）である。

前者の映画は、一組の男女が殺人を繰り返しながら逃避行する「バイオレンス・フィクション映画」などと片づけられてしまうこともあるが、この映画の本質はそんなところにないだろう。たしかに、あまりにバイオレンス満載の映画であり、場所によっては公開禁止などもあったようだが、世代間で継続されてしまう暴力の連鎖や犯罪に病むアメリカ社会、日本（人）も含めたメディアの世間を煽る無責任性あるいはメディア・サーカス、そして何より人間の愛の暴力性を描き、それらをコラージュ的に配置し、「アート」にまで昇華させている作品である。主人公が、映画タイトルに使われている言葉「生まれつきの人殺し」（ナチュラル・ボーン・キラー）を口にする後半の刑務所内のシーンは、イリノイ州にある実際の刑務所で撮影されている。

後者の映画では、当時、わたしが住んでいた町の近くにあり、非人道的として廃止されたマンスフィールド少年院が撮影場所のひとつに選ばれた。実は、オハイオから全米に展開していた近所にあるバンク・ワン銀行の受付の女性からエキストラ募集の話を聞いたのだが、そのときはすでに締め切りが過ぎていた。もちろん、応募できていてもエキストラに採用されたかは不明であるが、古い矯正施設が見学でき、何よりティム・ロビンスやモーガン・フリーマンに会えたかもしれないなどと、今も残念に思っている。なお、この施設は現在、観光客向けに公開されガイドツアーまである。映画は後に、国立フィルム保存委員会によって評価され、半永久的な保存化が推奨された。ときに実話にもとづいた映画と勘違いされることもあるが、原作はスティーブン・キングの中編小説である。

日本の刑務所で慰問コンサートなどが行われていることはよく知られている。最近は演歌歌手だけでなく、「アイドル」と呼ばれるグループまでいる。そして、アメリカの刑務所でも慰問コンサートのような行事はある。もっとも、日本でテレビなどでも取り上げられる運動会は、アメリカでは、少なくともオハイオ州の刑務所では聞いたことがない。あったら怖いかもしれない。わたしは教育プログラムの卒業式に出席したほかは、大きな行事に遭遇する機会はなかったが、アメリカでは過去に行われた有名な慰問コンサートがレコード・CD化され、最近では日本でも手に入る。

アメリカの刑務所慰問コンサートといえば、まずはカントリーのスターで幅広い音楽活動で知られるジョニー・キャッシュを挙げたい。自身も薬物やアルコール依存症で悩んでいたが、一九五〇年代末より施設でのコンサートを始めている。一九六八年のカリフォルニア州フォルサム刑務所でのライブ版『アット・フォルサム・プリズン』（*At Folsom Prison*）は名盤である。受刑者とのやりとりの様子が目に浮かぶような「フォルサム・プリズン・ブルーズ」を含んでいる。彼にはフォルサム同様、死刑囚も収容され何かと騒動の多いカリフォルニア州サン・クエンティン刑務所での一九六九年のライブ版『アット・サン・クエンティン』（*At San Quentin*）もある。「サン・クエンティン」と名づけられた曲を含むこのコンサートは、気合いの入ったジョニーと受刑者の表情がわかるイギリスのテレビ局による貴重な映像が残されている。

そしてブルーズの分野には言うまでもなく、数多くの慰問コンサートをこなしてきた帝王B・B・キングがいる。まずは一九七〇年にシカゴのクック郡刑務所での所内改善をも意図して開催されたコンサートの名盤『ライブ・イン・クック・カウンティ・ジェイル』（*Live in Cook County Jail*）がある。さらには、一九七二年のニューヨーク州シン・シン刑務所での感謝祭コンサートは、ドキュメンタリー監督のデイビッド・ホフマンおよびハリー・ウィランド監修による映像『B・B・キング・アット・シン・シン刑務所』（*B. B. King at Sing Sing Prison*）に記録されている。この八十一分間のドキュメンタリー映画は、受刑者自身が映像制作技術を所内でホフマンらから学んで作られた映像を含むものである。受刑者による運営で、黒人コメディアンのジミー・ウォーカーが登場し、ボブ・ディランを世に紹介したフォークシンガーで活動家のジョーン・バエズが妹のミミまで連れてきて「前座」を務め、受刑者による寸劇があり、B・B・キングが登場していよいよ演奏が始まり、ライブが盛り上がろうとするところで、突然、コンサートは中止となる。（あとは観てください。二〇〇八年にDVD化され、日本語版はないが、映像だけでも十分理解できる。）

そして、キングには、一九九〇年の『ライブ・アット・サン・クエンティン』（*Live at San Quentin*）などもある。サン・クエンティン刑務所でのライブは、コンサートに必ずしも適さない場所で開催され、キングが気合いのあまり何本かギターの弦を切り、ときに刑務所所長とのやりとりがあり、受刑者の普段は出せない大声を含んだ臨場感溢れるアルバムとなり、グラミー賞も受賞した。当日、コンサートに参加できない受刑者のために映像も作成されたという。その映像は、受刑者のプライバシーへの配慮などから流通していないのか、わたし自身もまだ観たことはない。いずれにせよ、ジョニー・キャッシュやB・B・キングは二人ともすでに亡くなってしまったが、このような大スターのコンサートは所外にいたらおそらくチケットが高額で買えなかった受刑者がほとんどであろう。その点でも、所内で録音されたレコードやCDのライブ音源に耳を澄ませば、そこに受刑者とスターの一期一会（once-in-a lifetime meeting）の緊張感を感じてしまう。

一期一会というほどの体験ではないが、わたし自身の一回だけの体験といえば、自らも一度だけ裁判所で被告人の椅子に座ったことがあることを告白しておこう。田舎町の道路で制限速度六〇マイルのところを、他の車と同じように七〇マイルほどで走行していたら、突然後方から現れたパトカーに止められ、白人の警官にスピード違反の切符を切られた。その切符には一〇〇マイルという数字と高額の罰金額が記されていたので、明らかにおかしいと抗議すると、それなら裁判所へ行けと言う。毎日のように一〇〇マイル以上走行しているが、わたしの古いクライスラーで速度一〇〇マイルは出ない。このときはわたしも人種差別ではないかと怒っていたので、指定された日にその田舎町にある小さな木造の裁判所を訪れた。

最初、法廷には誰もいず、被告人席の木の椅子にわたし一人が座っていた。しかし、しばらくすると奥の部屋から手と足に鎖を付けられ、例のオレンジ色のジャンプスーツを着たひげだらけの白人の中年男性がジャラジャラと音を立てて連れてこられ、わたしの真横に座らせられるのである。ここは都会の裁判所ビルの大部屋――数多くの交通違反者を列に並ばせて機械的にスピーディーに処理していくところではない。警備員はどこかに行くし、なぜか書記も弁護士も、もちろん傍聴人もいない。この日はわたしと彼のためだけに開かれた裁判所であった。法廷は被告人二人だけで、話し声はなく、わたしは横に座っている彼が立てる金属音が気になって仕方がない。そして、だんだん緊張してくる。裁判長に何を言うべきか何度も暗唱していたのに、それも完全に忘れてしまった。

やがて裁判長がひとりで現れ、まずわたしに「スピード違反のことだけでわざわざ出廷したのか」と尋ね、わたしは「教員として、七〇マイルでの速度違反は認めるが、一〇〇マイルはどうしても認められない。この額は払えない」というようなことをなんとか述べた（ように思う）。すると、裁判長は、弁護士を連れてもう一度裁判所に戻ってくるか、違反金を七〇マイル相当分にまける（！）からすぐ払って出ていくかだと言う。そして、これ以上その場にいたくないわたしは、隣の男性に接触しないようにその場をそっと抜け、会計の窓口で裁判長に安くしてもらった罰金額を小切手で支払い、そそくさと裁判所を後にした。今なら傍聴席に残ってオレンジ色の男の罪状などを詮索してみるかもしれないが、そのときはそんな余裕は一切なかった。

また、これはたしかに一期一会と言えるような、日本の刑務所での忘れられない体験がある。かつてオハイオの刑務所の仕事休みに一時帰国し、東京の府中刑務所を見学する機会があった。当時、三千人ほどの受刑者を収容していた日本で最大規模の刑務所である。所内の見学は、府中に勤めるひとりの看守（おそらく管理職の刑務官。失礼ながら名刺も引っ越し中に紛失してしまった）の方のご好意と配慮によるものであった。ある日、わたしは一人で予約もなしに突然に刑務所を訪問したのだが、守衛の方に案内された部屋でその方に見学理由を述べると、ではあなたの役に立つならばと、そのますぐに、自身の時間を割いてわたしだけのために所内を案内、説明してくださった。

府中刑務所内での最初の強烈な印象は、「静けさ」であった。とにかく所内が静かなのである。受刑者の声はほとんど聞こえず、かつて作家の安部譲二（故人）が働いていた木工場も、ときに看守の指示する声と、機械の回る音が聞こえるだけであった。受刑者たちは扉を開けて入ってきた看守一人とわたし一人の存在には気づいているはずが、誰も視線をわたしたちに向けない。そして、「ここは立派でしょう」と紹介された慰問コンサートなどが行われる木造の講堂もまた静謐《せいひつ》な場所であった。そこはたしかに木造の重みと温かみが感じられるところであった。しかしながら、その時点で、講堂は残念ながら老朽化で取り壊しが決まっていた。収容者人口に対して狭いという理由もあった。個人的には残すか移転して保存してほしいと思うほどであったが、それは一見学者の感想であり、二度と見たくないと思っている受刑者や元・受刑者もいるであろう。

アメリカの刑務所が騒がしく（静かだと怖い）、カラフルであるのに比べ、行事のない日の府中刑務所は静かで、モノトーンであった。府中はF級（外国人＝Foreigner）収容施設でもあり、外国人用の舎房も見せていただいたが、宗教や言語、食事など異文化への対応に苦慮していると説明を受けた。（在日朝鮮人は日本人扱いとも聞いた。）ときには各国の大使館などから苦情が来るらしい。その対応は大変だろうと想像する。当時、府中刑務所には四十数か国の受刑者がおり、皮肉にも国際化を提唱する国の最大級の「国際化」施設であった。現在はF級刑務所も増え、国際対策室などを設けているところもある。日本語教育も実施されている。時代や社会の流れに刑務所も変わらざるをえないのであろう。当時、わたしは女性刑務所や少年院を含め日本のいくつかの矯正施設の見学も申し出たが、一個人ということや諸事情で断られてしまった。それだけに、この府中でのわたしへの「処遇」は別格であった。

最後になるが、日本、アメリカを問わず、初版本を刊行した二十五年前に抱いていた「刑務所は人間存在がありのまま露呈するところ」であり、「刑務所はその国や社会を赤裸々に映す鏡」という思いは、今も変わっていない。しかし、刑務所は誰もが自由に見学や取材できる施設ではない。塀やフェンスなどによる物理的不可視性、見たくない、見ようとしない心理的かつ社会的不可視性、見せようとしない政治的不可視性に包まれた「見えない空間」である。さらには、アメリカでは民営化で受刑者が「低賃金労働者」となり、刑務所そのものが「商品」化し、「輸出品」にさえなっている。時代によっても場所によっても、さらにはどの視点から見るかによっても、刑務所の様相が大きく異なっているのが現状である。

近年は「矯正施設」(Correctional Institution)とも呼ばれる「刑務所」とは何かという根本的問題が、国や国籍、法律などの定義や枠組みの揺らぎとともに、より一層問われている。ときに過剰な拘禁や規則は、人間の思考停止を生むだけで「更生」とはほど遠い。社会や司法あるいは所内における「精神障害」の定義の多様化と責任能力の扱いも重要な課題となっている。これは刑務所か医療施設かの振り分けの問題ともなる。(この問題を矯正施設内の精神科医という立場から述べた貴重な本が、野村俊明『刑務所の精神科医――治療と刑罰のあいだで考えたこと』(みすず書房、二〇二一年)である。)日米問わず、性暴力被害者のその後のケアや、様々な性的指向、性自認の受刑者にどう対応するかなど、性に関わる課題もあまりに多い。やはり「性」は「生」と切り離せない。

わたし自身はオハイオの刑務所と直接に関わって、奴隷制から近年のBLM運動などまで人種問題を解決できないまま来たアメリカの「建国理念の矛盾」、ベトナム戦争敗北による「国家的なトラウマ」、長年の「薬物戦争の実質的失敗」などに、アメリカの司法制度全般の破綻を、自身の体験を重ね合わせつつ実感していた。さらには、近年のトランプ政権では、受刑者への人種主義を含む強硬的な対応、オバマ政権の方針を変えての民営の刑務所や移民収容所の増設路線に、アメリカ内部、とりわけ内向きで社会に取り残されたと感じている人びとによる「アメリカ帝国の終焉」の始まりを見ていた。

アメリカの刑務所には「入所するときも一人、出所するときも一人」(You come in alone

and you walk out alone.）という有名な言葉がある。わたしも一九九〇年代前半、オハイオ州立の六つの刑務所で三年間、受刑者でも看守でもなく、教員として一人で出入りして働き続けていた。そしてそこでは、受刑者でもある学生に、肌の色や宗教などの違いに優劣をつけて「区別を差別化してはならない」さらには「知は力なり」だけでは不十分で、「知は力でなくてはならない」、「知は生きる力であるとともに、生きのびる力でなければならない」、そして「知は人びとを排斥するのではなく、結びつける力でなくてはならない」（Knowledge should be the power to unite us, not to exclude one another.）という短いメッセージを、それだけを長い時間をかけてひたすら伝えようとしてきたように思う。可能ならば二十五年前に戻って、所内の学生たちに、それらのメッセージがどれほど伝わっていたかを聞いてみたい。また受刑者のエッセイや詩を約束通り刑務所の外に出して、太平洋を渡らせ、日本語に訳して本にしたこと、その本をオハイオ州のいくつかの図書館に寄贈したことも直接に伝えたい。

＊　＊　＊

一九九八年に刊行された初版本を増補版に再生してくださったのは、明石書店の大江道雅社長のご厚意による。大江社長と、初版本を豊かな感性で読むことから始めてくださり、最後まで並走いただいた担当編集者の柳澤友加里さんには心より感謝したい。直接にお会いすることはなくとも、本書の装丁や印刷・製本、営業などに携わっていただいている多くの方にも謝意を。そして何より初版本がなければ増補版が存在しないわけであり、編者自身で持ち込んだ完成原稿の刊行快諾、初版本を出版していただいた国文社の方々にも、再度、感謝したい。

初版本の「あとがき」でも言及した名前であるが、二十五年後の今では亡き友と亡き父と言わねばならない二人――キリスト教の宣教師の息子として日本で生まれ育ち、やがて中央アフリカ共和国での長年の調査経験からアフリカ史の専門家となり、わたしにオハイオ州の刑務所の仕事を「紹介」したリチャード・ブラッドショー、さらには病気と家庭の経済事情により大学を卒業すらできず、しかしその後、病床での独学から始まり最後は世界の最前線で闘っていた、日本におけるアメリカ黒人文学を学問的に切り拓いていった学者の一人・古川博巳には、感謝と敬意しかない。

わたしは青少年期から、ときに心身ともに病を抱えながら生きてきた。そんななか、わたしの刑務所教員体験は僅かな年数であったが、個人的には人生観を前向きに変える、そして、文字通り人生を大きく変えるような体験ともなった。それゆえ、まだ若かったわたしを教員として信頼して入所させてくれ、教室という自由な空間を与えてくれたオハイオ州の刑務所教育プログラム全般の関係者、そして人間について多くのことを教えてくれた刑務所のわたしの学生たちや看守たちに、二十五年後の今、もう一度感謝の言葉——「ありがとう」を伝えたい。

古川　哲史

二〇二四年十一月一日

本書は、国文社から一九九八年に刊行された
『囚われし者たちの〈声〉――オハイオ州立刑務所の中から』の増補版である。

編者略歴
古川　哲史（ふるかわ てつし）
1964年神戸市生まれ。広島大学総合科学部卒業。ケニアやアメリカなどでも学ぶ。元・オハイオ大学講師、オハイオ州立刑務所講師。現在、大谷大学文学部・歴史学科（世界史コース）教授。著書に『囚われし者たちの〈声〉――オハイオ州立刑務所の中から』（編著、国文社、1998年）、『日本人とアフリカ系アメリカ人――日米関係史におけるその諸相』（共著、明石書店、2004年）、*Africana*（第2版、事典項目、Oxford University Press、2005年）、『走ることは、生きること――五輪金メダリスト ジェシー・オーエンスの物語』（共訳、晃洋書房、2016年、点字図書版：視覚障害者生活情報センターぎふ、2018年）、*Black Transnationalism and Japan*（共著、Leiden University Press、2024年）、ほか。

囚われし者たちの〈声〉【増補版】
――オハイオ州立刑務所の中から――

2024年12月10日　初版第1刷発行

編　者　古川哲史
発行者　大江道雅
発行所　株式会社　明石書店
〒101-0021　東京都千代田区外神田6-9-5
電 話　03（5818）1171
FAX　03（5818）1174
振 替　00100-7-24505
https://www.akashi.co.jp/

装丁　明石書店デザイン室
印刷　株式会社文化カラー印刷
製本　本間製本株式会社

ISBN　978-4-7503-5744-7　（定価はカバーに表示してあります）